学校統廃合を超えて

持続可能な学校と地域づくり

編著　山本 由美
平岡 和久

著　中林　浩
渡辺 繫博
有原 陽子
坂野 光雄
石山 雄貴
田開 寛太郎

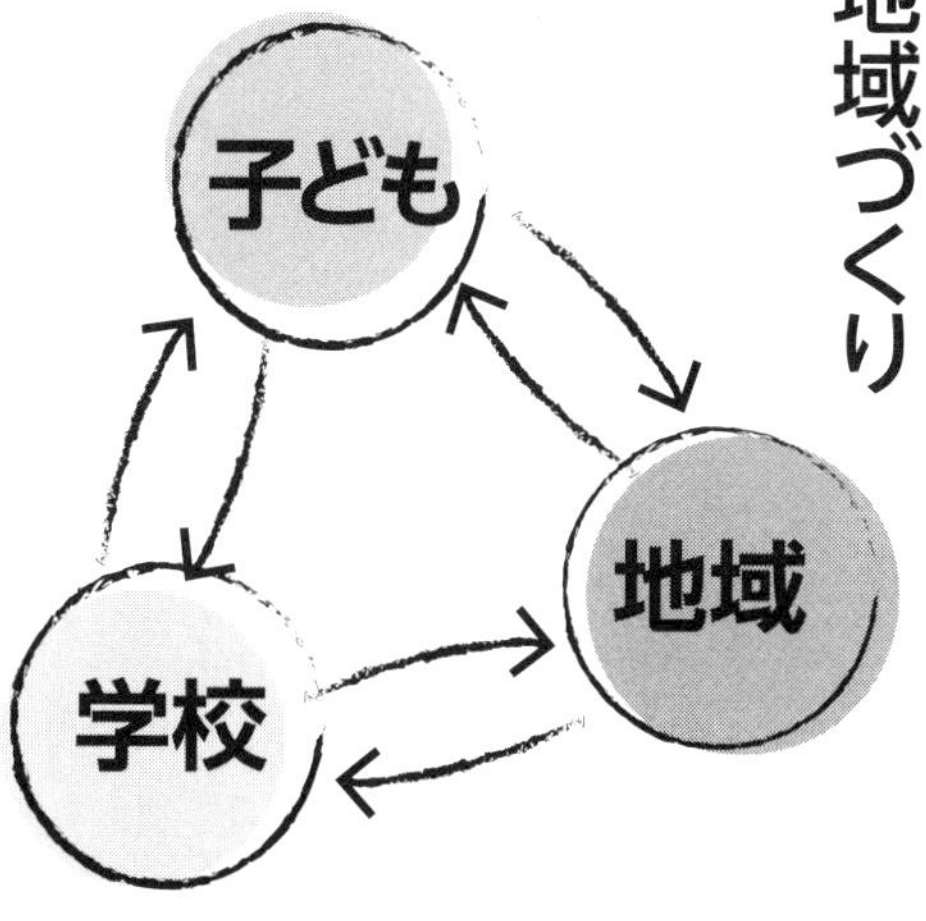

自治体研究社

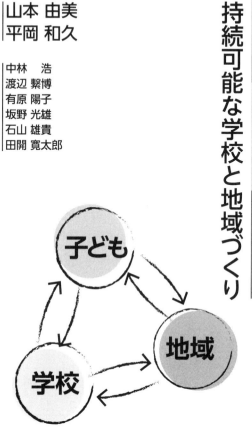

目次

学校統廃合を超えて

――持続可能な学校と地域づくり

第6章　学校統廃合を超えて
――「学校」と「地域」の取り組み

はじめに

山本由美

全国で学校統廃合が多発するようになって約20年が経過しています。その間、統廃合が子どもにもたらす影響や地域コミュニティ崩壊の懸念から、各地で保護者、住民、教師による多くの運動が行われてきました。しかし、現時点ではなかなか止めることができないのが現実です。

なぜ学校を閉じなければならないのでしょうか。行政は「子どものため」「小規模校は教育的効果が低い」を強調して、保護者を共同から分断しています。「適正規模」は教育的な意味を持つものではないというのは、すでに１９７３年の文部省のいわゆる「Ｕターン通達」で共有された命題であったはずでした。それが近年息を吹き返し、教育学的根拠のない小規模校ダメ論が跋扈するようになった事態について、第１章で取り上げられます。

いま、なぜ学校統廃合は行われるのか、その根本的な問いを明らかにするのが本著の目的の一つです。背景にある政府が進める政策的な動機を解明すること、そして当事者である保護者や住民が正しい情報を共有することが、統廃合を阻止する大きな力になります。

特に第4章では、２０１４年から始まる「地方創生」のもと、各自治体が「公共施設等総合管理計画」を策定、実行する中で学校統廃合が進められていくプロセスが明らかにされます。

公共施設をすべて維持し改修すると生じるコストを下げるために予め縮減するべく、施設の延床面積を減らすことが求められます。時に「数値目標」が掲げられます。公共施設の中でも延床面積の占める割合が大きく、利用者数が少ない（児童・生徒数は「利用者」としてカウントされます）学校は絶好のターゲットになっています。地域の文化センターとして果たす機能などは無視され、単なる公共施設とみなされることによって廃止・統合が容易に行われてしまいます。

「地方創生」は決して地方を活性化させるためのものではありません。特に「まちの創生」は〝人口減少に対応した「調整戦略」〟として機能し、活力のなくなった地域が切り捨てられていきます。背景にある強力で多岐にわたる国の財政誘導のもとで、公共施設の統合、廃止、「複合化」などが積極的に行われる仕組みがこの章では明らかにされています。同時に、「公共サービスの産業化」が推進される点も指摘されます。統合校開設、施設複合化などに関わる業務の民営化、ＰＦＩの活用などはもちろんですが、第3章の京都市に見られるような廃校跡地のホテルなどへの民間活用も典型的な事例です。

その中でもおそらく全国で最悪のケースとして、第5章1で埼玉県の事例があげられます。公共施設再編政策の中心的シンクタンクでもある東洋大学ＰＰＰ研究センター、根本祐二氏らの関与のもと、さいたま市の施設解体費への公費利用の「特区」化を皮切りに、県が強力に主導して自治体横断的に施設再編が進められてきました。その中で、いくつかの自治体で住民自治の歴史を背景に、教育学的根拠のない統合や小中一貫校化計画に対抗する市民運動が起きています。

さいたま市の人口急増地域で、全児童・生徒数3600人の小中一貫「義務教育学校」を市民プール跡地などに新設しようとする計画では、子どもの実態、従来の教育学理論などへの配慮が全くと言っていいほど見られません。それは文科省の「過大規模校」の基準をはるかに超えた学校になります。公共施設再編で「総量削減」「新施設をつくらない」方針のもと、各地の新鉄道沿線などの人口急増地域で、第3章で提起される「小学校を拠点にしてコミュニティを創設する都市計画」とは真逆の学校対応が行われています。すなわち新設校をつくらずに、既設の学校を膨張させる、あるいは巨大小中一貫校で対応させているのです。それぞれは子どもたちへの負担が大きいだけでなく、コミュニティも形成されなくなってしまいます。

京都市で、明治期以降住民の力でつくられた「番組小学校」の歴史を持つ学校を、教育的効果もデメリットも実証されていない小中一貫校、しかも複数校の統合校（2中学校5小学校など）にまとめてしまったのも極端な事例です。住民自治の基礎単位でもあった小学校区コミュニティが失われ、地域全体が変貌してしまったことが推測されます。京都市では、教育行政と教員組合などとの政治的対立の歴史を背景に、政策を下支えするような保護者の声、「学校参加」をコミュニティ・スクールなどで組織し、教師と分断させる政策がとられてきました。

さらに、コンパクト・シテイ構想の優等生、富山市で突然公表された全市的な周辺部切り捨ての大規模統学校廃合計画などの事例も加えて、経済政策優先で進められた「地方創生」下の学校政策の行きつく先の異様にさえ見える風景があります。

対抗軸をどこにもとめるのか

そんな中で私たちはどこに対抗軸を見出していけばよいのでしょうか。本書ではそのようなビジョンの方向性が示されます。

例えば、守るべき価値の1つとして都市計画論から見た「日常生活圏である小学校区」の重要性が提起されます。小学校、商店街、鉄道・路線バスなどの公共交通機関、かかりつけの医療機関、これらの日常生活圏を支える4点セットが、いま多くの地域から奪われています。歴史的に日本の小学校区は地域を支え、治安を維持する「堅固な圏域」として機能してきました。それは昭和の合併以前の自然村であることも多く、住民自治の基礎単位でもあります。

その住民自治を懐柔し、大企業が活動しやすいように地域を再編するために小学校の統合が利用されているのです。複数の学校をまとめる小中一貫校化、中学校区を基礎に新たに「地域コミュニティ」を構成していこうとする行政主導のコミュニティ・スクールなどもその手段の1つとなっています。まさに、「地域を壊し地域をつくる」政策が行われているのです。住民、特に、高齢者や子どもの徒歩圏に小学校、保育園や商店、病院がある生活の価値を守ることは、1つの対抗軸になり得るでしょう。小学生の徒歩通学が、その人格形成上意義があることは統廃合判例でも確認されています。

高校制度においては、徹底的に地域と結びつき、地域の人材を育てることを目指した第6章2の兵庫県香美町「村岡高校」や第6章3の長野県飯田市の「飯田ＯＩＤＥ長姫高校」の事例は、新たな可能性を示すケースといえるでしょう。高校が1つの核となって、地域に新たな雇用や産業を作り出していくことが展望されます。

さらに、地域のビジョンについて住民自身が合意形成をして決定していくことが重要になります。第6章1の大阪府交野市の事例では、狭い敷地の4階建て校舎に2小学校1中学校をまとめた千人以上の児童・生徒の小中一貫校計画に対して、市民が住民投票条例を求めた新たな運動が紹介されます。

高知県四万十市では、生徒数約30名の中学校を存続させるために保護者らが署名活動などの運動を重ねてきました。しかし、市当局はその校舎に他県の大学看護学部を誘致することを目的に、保護者、地域住民との合意形成がないまま、中学閉校を決めてしまったケースが第5章2で紹介されています。保護者、地域が本気で学校を守ろうとした時に、どうやって運動を組織し、行政に働きかけていくのかが明かされます。

京都府の京丹後市の事例では、小中学校統合と高校再編への反対運動を通して、小中学校の教員組合と高校の教員組合が連携して運動を進めるということが当たり前にできるようになったことが大きな成果だ、と述べられています。特に高校の運動では、地域に学校を残す一定の成果を収めることができました。

子どもたちのために教育条件を守るたたかいは、世界各国で新自由主義的教育改革の対抗軸となっています。その際に、地域の共同に教師たちの存在、特に教員組合が決定的な役割を果たすようになっています。例えば、アメリカのシカゴ市の教師たちは、産業構造の転換に起因する断続的な学校統廃合に対してたたかう中で、住民組織と連携し、反統廃合、反民営化を掲げる新たな教員組合のあり方を打ち立てました。自分たちの労働条件のためだけではなく、コミュニティの利益を獲得するために団体交渉を行うCommon Goods Bargaining（公共の利益のための交渉）の理念は広く運動になって各地で共有化されています。教師の労働条件は子どもの学習条件である、というスローガンは保護者や住民の支持を得ています。

残念ながら現時点では、日本の教師たちは強力に管理されていて、多くの地域では表立って運動を組織することが難しい状況があります。それでも学校統廃合のデメリットを示す過去の資料を保護者らに提供したり、地域で学習会を組織したりして、運動のキーパーソンとなっているケースは多いのです。今後日本でも、教師たち、そして教員組合が学校統廃合問題に正面から立ち向かい保護者、住民との共同に大きな役割をはたしていくことが期待されます。世界を覆う新自由主義の矛盾が生み出してきた諸々の困難に対して、人々が連帯して1つの方向を求める、学校統廃合とのたたかいはそのような社会正義を求める運動の中に位置づけられるはずです。

第1章

増加する学校統廃合と小中一貫教育

山本由美

２０００年頃から新自由主義的な政策を受けて増加している学校統廃合は、２０１４年の「地方創生」における公共施設等総合管理計画によって、強力に後押しされる段階を迎えます。自治体は公共施設の総量を削減するために「数値目標」を掲げ、学校がターゲットにされています。財政誘導を受けた施設の複合化、ＰＦＩなどの民営化も進みます。

経済的な目的で進められるのに、小規模校は子どもにとって教育的効果が低い、「切磋琢磨」できない、小中一貫校は優れた教育を提供できる、といった行政による実は根拠のない「宣伝」によって、運動から保護者が分断されています。

１　戦後第３のピークへ

２００1年頃から小中高の廃校数は増加し、高止まりの状況が続いています（図1－1参照）。社会学者の若林敬子は、戦後学校統廃合の経緯について、これまで、政策的に統廃合政策が積極的に行われた2つの時期として、１９５６年以降の昭和の市町村合併、および１９７０年の「過疎地域対策緊急措置法」以降の3年間をあげています[*1]。それと比較して、現在は、第3のピーク期が長く続いているといえるでしょう。本著（本論文）では、現在の時期を新自由主義的教育改革における学校統廃合と位置づけます。

若林の整理によると、まず第1に１９５０年代は、行政効率性をあげるための市町村合併に伴う

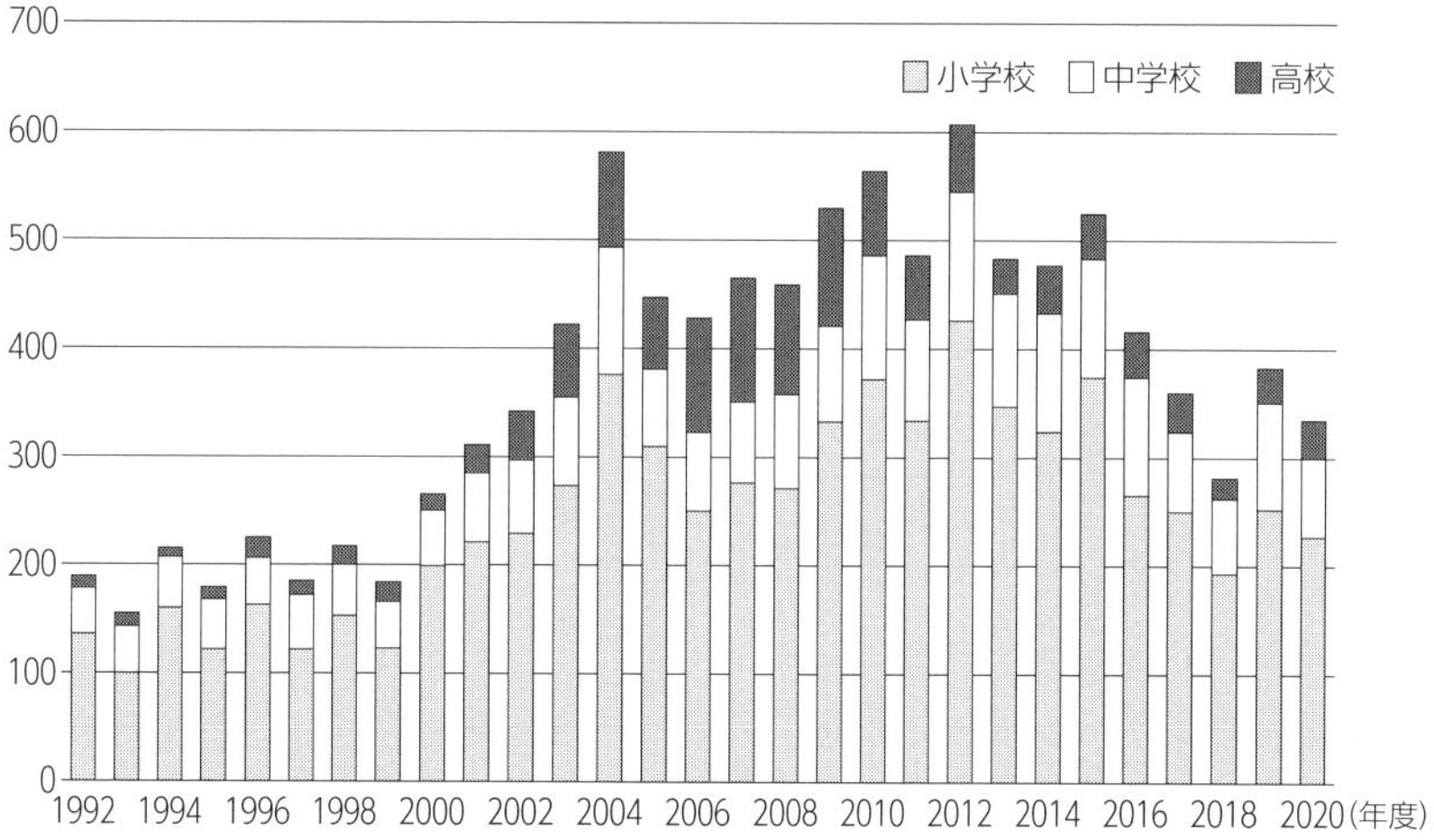

図1－1　公立小中高廃校数推移（1992年度―2020年度）

出所：文部科学省「令和3年度公立小中学校等における廃校施設及び余裕教室の活用状況について」（https://www.mext.go.jp/b_menu/houdou/2021/mext_00975.htm 最終閲覧日 2022年5月10日）等より筆者作成。

「統合のシンボル」としての統合校校舎建設の国庫負担（2分の1）が制度化されたことが、統廃合の強いインセンティブとなりました。当時、行政効率性から、合併の最低単位として人口8000人程度の自治体が望ましいとされました。

人口約8000人の校区に1中学校を設置すると、「12～18学級」が算出されることから、中教審「公立小・中学校の統合方策についての答申（1956年）」では「小規模学校を統合する場合の規模は、おおむね12学級ないし18学級を標準とすること」という記載がうまれました。また、通学距離は「小学校児童にあっては4キロメートル、中学校生徒にあっては6キロメートルを最高限度とすることが適当」とされましたが、地理的、気候的条件などから「実情に即した通学距離」とすることも付記されました。この内容は、翌1957年の文部省（2001年より文部科学省）による初めての統廃合「手引き」にまとめられました。この「手引き」では、小規模校では、体育館や特別教室など教育条件が整わないこと、教員配置に難が出ること、の2点が統合を進める「教育的」理由として挙げられているだけでした。今日のような「小規模校が子どもにとって教育的効果が低い」、といった理由は見られませんでした。

その後、第2の時期の1970年代、過疎地対策のもと、統合校舎建設費の国庫負担率が3分の2まで引き上げられたことにより、地方で小学校を中心に統廃合件数は急増します。その際多くのケースで、「12～18学級」基準が機械的に「統合基準」として用いられました。しかし、全国で反対の紛争が起き、国会審議でも、地域から学校を奪われた子どもの惨状が取り上げられるに至りました。*2 戦後、統廃合判例67件のうち「徒歩通学の教育的意義」など教育の質的側面を取り上げたものも、この時期から現れています。*3 結局、1973年に文部省は「公立小・中学校の統合について（1973年9月27日付け、いわゆるUターン通達）」で、機械的に統廃合を推進するような方針の見直しをせざるを得なくなったのです。

その根拠として2点、統廃合による教育条件の悪化（「通学距離の拡大」など）、とともに小規模校に教育的価値がある点を挙げたことは画期的でした。すなわち「小規模校には教職員と児童・生徒との人間的な触れ合いや個別指導の面で教育上の利点も考えられるので、総合的に判断した場合、なお小規模校として存置し充実した方が好ましい場合もある」という内容が盛り込まれたのです。

また文部省は「無理な学校統廃合の遠因として財政負担の問題があった」として、統合校にのみ3分の2とされていた校舎建設費国庫負担率を危険校舎（老朽化した校舎など）の場合と同率としました（現在は3分の1）。この改正は即効性があり、その後、全国で廃校数は激減しました。また、当時の統廃合裁判の中で、「小学校の徒歩通学は子どもの人格形成に意義を持つ（1976年、金沢地裁判決）」、といった内容の判例も導き出されました。

前述の若林はこの2つの時期までの政府による「学校統合促進の論理」として次の3点を挙げています。

第1に、経済効率性です。これは統合により校舎建設費国庫補助率が多くなり相対的に町村の負担が軽減化されるという点と、大規模校の方が一人当たりの経費負担が少ないという点です。

第2に、教育活動に伴う点です。新校舎ができれば教室整備ができ、プールや体育館も建設できるし、また生徒数が多ければ十分な教員配置が可能になる、さらに中学校の場合、多様な部活動・クラブなども理由に挙げられます。

第3に、新統合校が町村統合のシンボルとなること、これは主に昭和の大合併期に用いられた論理です。

その上で、若林は「学校統廃合とは生活圏と密着した学区の解体・再編であり、その意味で地域社会の崩壊をも促すもの」ととらえています。この点は今日まで一貫していると思われます。しかし今日の統廃合はさらに新自由主義的な政策によって、より大掛かりな仕組みの中で進められるようになりました。

2　新自由主義教育改革の中の学校統廃合

次に2000年代以降、現在に至る新自由主義的な統廃合政策について検証していきたいと考えます。統廃合は、教育行政の分野に限定されるものではなく、国の政策全般に及ぶ経済的な目的のために行われているものになっています。

まず、経済効率性の論理に基づいた教育費コスト削減のためのみならず、財界の求める「人材」養成のための学校再編計画が想定されています。すなわち誰にも平等な公教育サービスを提供するのではなく、グローバルな「エリート人材」に重点的に資源を配分し、それ以外の従順な「非エリート人材」には安上がりな教育をあてがう学校制度へと序列的に再編しようとするものです。そんな中、小規模校は財政的効率性が悪いだけでなく、子どもたちに競争的関係を生み出しにくいと考えられます。新自由主義教育改革の手法を用いて、従来の平等な公教育制度を壊して序列的に再編するために、学校選択制と学校統廃合は不可欠な制度となります。そして選択行動は統廃合に最大限活用されます。

また、「教育的効果」を表向きにしながら、小学校区を単位に機能していた住民自治を解体し、地域の新自由主義的な再編、すなわち大企業が活動しやすいような大規模な単位に再編する手段とし

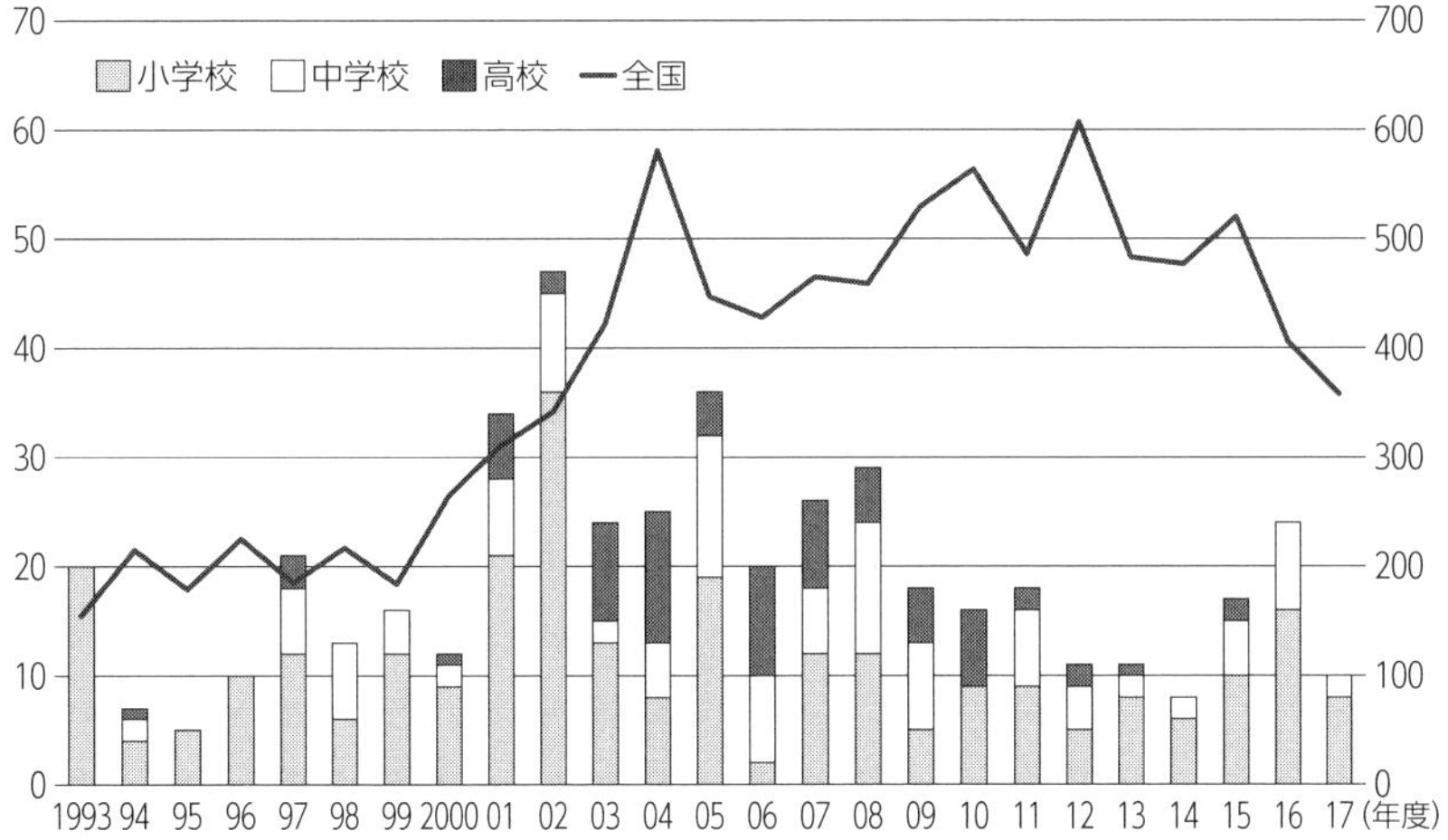

図1－2　全国廃校数と東京都の廃校数（小・中・高）の推移

出所：文部科学省調査「東京都公立学校一覧」から筆者作成（2020年度）。

ての統廃合が明確になっています。活力のなくなった地域を切り捨て、コンパクト・シティ構想など一部に集中される手法がとられています。昭和の合併時に掲げられたような「地域統合のシンボルのための学校づくり」という視点は後景に退いています。

図1－2は、全国の廃校数推移（折れ線グラフ）と東京都の廃校数推移の比較です。まず全国の廃校数を東京が押し上げているのがわかります。**図1－3**の都道府県別廃校数（過去15年間の総計）を見ても、人口も児童生徒数も増加している東京都が北海道に次いで第2位にあります。東京都では、児童・生徒数の減少が廃校数を増やしたわけではないのです。

その原動力は、第一に、当時23区中19区、26市中10市が導入した東京都の自治体における学校選択制でした。それは日本における新自由主義教育

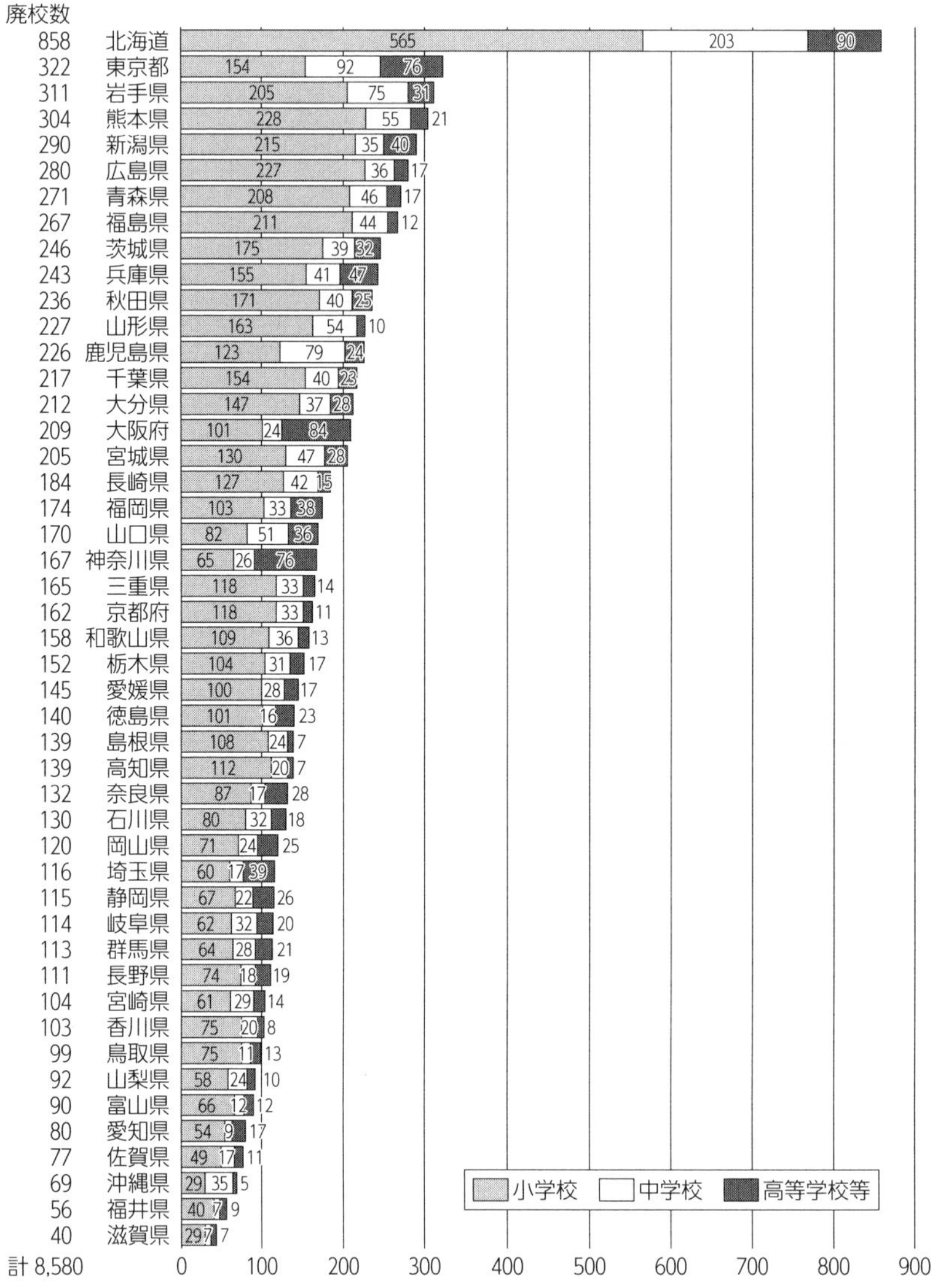
廃校数
858 北海道 565 203 90
322 東京都 154 92 76
311 岩手県 205 75 31
304 熊本県 228 55 21
290 新潟県 215 35 40
280 広島県 227 36 17
271 青森県 208 46 17
267 福島県 211 44 12
246 茨城県 175 39 32
243 兵庫県 155 41 47
236 秋田県 171 40 25
227 山形県 163 54 10
226 鹿児島県 123 79 24
217 千葉県 154 40 23
212 大分県 147 37 28
209 大阪府 101 24 84
205 宮城県 130 47 28
184 長崎県 127 42 15
174 福岡県 103 33 38
170 山口県 82 51 36
167 神奈川県 65 26 76
165 三重県 118 33 14
162 京都府 118 33 11
158 和歌山県 109 36 13
152 栃木県 104 31 17
145 愛媛県 100 28 17
140 徳島県 101 16 23
139 島根県 108 24 7
139 高知県 112 20 7
132 奈良県 87 17 28
130 石川県 80 32 18
120 岡山県 71 24 25
116 埼玉県 60 17 39
115 静岡県 67 22 26
114 岐阜県 62 32 20
113 群馬県 64 28 21
111 長野県 74 18 19
104 宮崎県 61 29 14
103 香川県 75 20 8
99 鳥取県 75 11 13
92 山梨県 58 24 10
90 富山県 66 12 12
80 愛知県 54 9 17
77 佐賀県 49 17 11
69 沖縄県 29 35 5
56 福井県 40 7 9
40 滋賀県 29 7 7
計 8,580
0 100 200 300 400 500 600 700 800 900
小学校
中学校
高等学校等

図 1－3　公立学校の都道府県別廃校数（2002 年度～2020 年度）

出所：図 1－1 に同じ。

改革の制度化の第1段階でもありました。保護者によって小規模校は選択されず、容易に、1校の人数が、自治体が当時独自に設定した「適正規模」や「最低基準（全校児童数『180名以上』といった数が教育学的根拠もなく決められた）」を割り込むと機械的に廃校が行われていきました。例えば当時、東京都板橋区では「板橋方式」と称して、全校児童数が2年間連続して「150名以下」となった学校は統合対象とされました。その後、強引なこの方式は改善されましたが、結果的に廃校に反対していた保護者や地域住民に負の感情を残すケースが見られました。

また東京都ではこの時期に高校の廃校数も増加します。これは1980年以降、産業構造が製造業からサービス業中心へと劇的に変化したため、それに対応しなくなった工業高校や商業高校、普通科の定時制高校などがスクラップの対象となり、ニュータイプの高校が創設されたためです。このような産業構造の転換に対応した高校統廃合は、東京都、神奈川県、埼玉県などの大都市部の一部で先行的に行われていきます（逆に地域の第2次産業が維持された愛知県や長崎県では高校再編の時期は遅れます）。2000年から2007の間に、東京の小中高廃校数は約140校にのぼりました。

全国を見ると、2005年前後をピークに平成の大合併の時期以降、地方の統廃合も増加していきます。合併特例債を利用した統合、合併前に「身ぎれいにしておく」ための統合、さらに合併後に吸収された自治体側の学校が統合対象となるケースも出現していきます。廃校数上位の福島県、広島県などを代表格に、市町村合併に伴う廃校は全国的に出現します。また、その傾向は特に新自由主義的な傾向が強い行政のもとで顕著に現れます。

２００８年を契機に東京都の学校選択制は一部で見直し、廃止が行われるようになります。他方２０１１年に維新市政の大阪市が最初から統廃合の目的を明言して選択制を導入し、新自由主義教育改革の先行自治体の座は大阪市へ移行したかのように見えました。しかし「大きな田舎」と称されるほど学校と地域の結びつきが強い大阪では、抵抗も強く統廃合計画は進みませんでした。業を煮やした大阪市教育委員会は、２０２０年に全国に例を見ない、いわゆる「廃校」条例（大阪市立学校活性化条例の一部改正）を強行しました。すなわち現行の条文にはない「小学校の学級の適正規模の確保」が追加されたのです。それが背景となって２０２２年度に生野区などで多くの統廃合が行われることになりました。

3　公共施設等総合管理計画のもとで統廃合

しかし何といっても、２０１４年にスタートとした「地方創生」政策のもと、総務省が２０１４～２０１６年の間に全自治体に計画を「要請」した公共施設等総合管理計画が、現在の統廃合の強力なインセンティブとなっています。統廃合は単なる教育行政の施策ではなくなっています。

自治体がすべての公共施設を維持すると、将来的に改修・建替のための多額のコストが生じると算定されます。更新費用の算出に総務省ソフトを用いると、コストが高く出る結果がほとんどです。

それを避けるために、あらかじめ施設総量（総延床面積が用いられます。）を減らすことを自治体に自主的に計画させるのです。特に、公共施設の4～6割を占める学校施設がターゲットになります。

２０１５年に内閣府の経済財政諮問会議の下設置された「経済・財政一体改革推進委員会」は、２０１５年度からの改革工程表の文教施策の筆頭に、学校の「規模の最適化（すなわち学校統廃合）」を掲げました。そして数値目標として、２０２０年までに、「１００％の自治体が小規模校解消に取り組む」ことを挙げました。国の施策として「地方創生」に参画する省庁が横断的に統廃合を推進する体制が整いました。

また、公共施設再編にはいくつかの強力な財政誘導がしかけられていきます。これまで自治体が全額支出してきた施設解体費に地方債が活用できることの「メリット」も大きいですし、計画策定費にも特別交付税が利用できます。それによって多くの自治体は計画策定を民間のコンサルタントに委託することになりました。総延床面積方式の発案者でもある経済学者根本祐二らの東洋大学ＰＰＰ研究センター、有限責任監査法人トーマツなど、人口基準に基づいて機械的な統廃合計画を進めるコンサルタント主導で、強硬な公共施設再編計画、そして学校統廃合計画がつくられていきます。

特にこの間施設の「複合化」、「多機能化」、規模「最適化」を行うことによって活用できる「当初平成31年度まで」と期限付きの「公共施設等適正管理推進事業債」によって、各地で駆け込み統廃合と思われる事態が出現しました。小学校と中学校を合せて小中一貫校化することも「複合化」の一種とされます。さらに地域の福祉施設や集会施設、図書館なども、独自につくられた「教育的根拠」をもとに学校と「複合」施設にされていく傾向も全国で見られるようになっています。

また公共施設再編では、ＰＦＩの活用など民営化の方針も明確にされています。小中一貫教育校の先駆けとして、２００６年に京都市の御池中学がＰＦＩを利用して、他の公共施設や民間のオフィススペースなどを併用した校舎建設を行い、その後のモデルとなりました。

埼玉県越谷市の大規模小中一貫校の三学園構想では、校舎の建設計画から完成後の維持管理までをＰＦＩ事業で行うことが予定されています。市側は経費削減になることを主張しますが、建設計画に地域住民などの意向が極端に反映されづらくなり、スケジュールありきになっていきます。このように公教育の分野は、様々な形で民間にとっての新たな市場となっていきます。

本来、行政の役割は住民の要求や必然性があれば新たに公共施設を設置することでした。しかし公共施設再編の発想に立つと、例えば「ハコモノ三原則」、すなわち「新規凍結原則（つくらない）」「（改修するなら）多機能化・集約化・複合化」「施設総量の縮減」といった立場に立つことになり、ニーズに応じた施設新設という発想には至りません。

例えば新たな新鉄道沿線開設によって子育て世帯急増地域となった千葉県流山市や埼玉県越谷市、木津川市などで、行政が新設小学校を拠点に地域コミュニティを新たにつくっていくといった都市計画を立てずに、既存の学校を膨張させ、あるいは大規模小中一貫校化してやりすごそうとするケースが見られます。その最たるものがさいたま市の武蔵浦和学園（２０２６年開校予定）であり、３校舎に全校３６００名の児童・生徒を「収容」しようとするものです。

表1-1　公立学校プール数の推移

		1996年	2015年度	増減	率（%）
学校数	小学校	24,482	20,601	−3,881	−15.9
	中学校	11,269	10,484	−785	−7.0
小中合計				−4,666	
プール設置	小学校	20,111	15,686	−4,425	−22.0
	中学校	7,646	5,850	−1,796	−23.5
廃止実数				−6,221	
すべての体育施設		245,289	195,269	−50,020	−20.4
	学校体育施設	152,083	118,690	−33,393	−22.0
	公共スポーツ施設	65,528	52,719	−12,809	−19.6
社会施設		41,997	47,536	＋5,539	ただし、ピーク時よりは−519

出所：文部科学省「学校基本調査」より制野俊弘（2020年）作成を引用。
注：統廃合による減少数よりも、プールを廃止する学校数がはるかに上回っている。統廃合に関係なく、プール施設がなくなっている可能性が高い。特に、現在は中学校の半数近くは学校にプールがないのではないか。

また、公共施設再編に伴う民営化の突破口として学校プールの廃止と民間プール活用の問題があります。埼玉県、東京都、大阪府などを中心に、老朽化したプールを改修せずに地域の民間プールでの民間インストラクターによる授業で代替しようとするケースが増えています。一般的に学校からバスで子どもたちを民間プールまで運び、年間10時間程度水泳授業を受けさせる形態をとっています。表1-1は、公立学校のプール数の推移ですが、最近20年間で統廃合以外に学校プールは2000施設も減少しています。

水泳授業や学校でのプール施設管理は教職員にとって負担でもあり、保護者の中にも本来有償の民間インストラクターによる指導をむしろ歓迎する声もあります。しかし水泳は学校教育で身につける「基礎学力」の1つとされ、「命を守る」ための呼吸法や着衣泳なども指導内容に含まれています。そもそも、日本の学校のプール設置拡大のきっかけとなったのは1955年の児童生徒ら168名が亡くなった宇高連絡船事故であるといわれます。しかし公共施設再編推進側の研究者は当初から、この根拠はあいまいであるとし、年間稼働日数が少ない水泳授業・施設を民営化、施設削減の突破口とすることの有効性を主張していました。

公共施設再編以外に従来から行われている学校統廃合を進める財政誘導策として、危険校舎の国庫負担率は3分の1に抑えられているのに、統合校舎建設費の国庫負担率は2分の1とされる施策があります。それに加えて、2016年には「義務教育諸学校等の施設費の国庫負担等に関する法律」の改正により、小中一貫の新しい制度である「義務教育学校」の場合も2分の1国庫負担の対象になることになりました。その結果、例えば中学校が老朽化しただけなのに、敢えて近隣の小学校を巻き込んで、統合校舎の「義務教育学校」を開設するケースも出現しています。

また内閣府の「地方創生拠点整備交付金」も、自治体が統合校を「地方創生拠点」とした場合、予算化の対象となりますし、国土交通省の「空き家対策総合支援事業」も、廃校になった公共施設を別目的で利用するのに活用されるなど、統廃合に関わり、活用可能な様々な公的資金が利用されるようになっています。

「地方創生」政策の優等生ともいえる富山県富山市は、市中心部に都市機能を集中させるコンパクト・シテイ政策を進展させた後、2021年に突然全市規模の27校を対象とする統廃合計画を公表しました。複式学級校・単学級校の機械的一律統廃合計画で、平成の合併で富山市に編入された旧山田村、旧細入村には小学校すらなくなる計画です。それらの地域を中心に反対運動が起き、短期間に554件ものパブリック・コメントが寄せられました。そこには、学校の存在が里山の保全、害獣拡大防止、移住家族増加に寄与していること、統廃合後の学力低下、不登校、豪雪地帯のバス通学に対する不安等が多く訴えられています。しかし学校再編の検討審議会会長は「地方創生」推進の公共経済学者の中村和之氏が務めており、審議会では地域代表委員の存続を望む声をはねつける状況が見られます。

4　文科省の学校統廃合「手引き」――科学的根拠が示されない小規模校ダメ論

内閣府や総務省、財務省などが経済効率性から学校統廃合を推進するのに時期を合わせて、2015年1月27日、文科省は58年ぶりに統廃合の「手引き」である、「公立小学校・中学校の適正規模・適正配置等に関する手引き」を公表しました。それと同時に従来の「手引き」と、「小規模校でも存続」を認めた73年の「通達」は廃止されました。

統廃合推進に影響を与える大きな変化として、第1に、小・中とも単学級以下校の場合「学校統合等により適正規模に近づけることの適否を速やかに検討する必要がある」とされたことが挙げられます。厳格な学級数に分けた対応の仕方が示されます。

第2に、スクールバス等を用いて「おおむね1時間以内」との統合の通学時間基準が、従来の距離基準に加わったことが挙げられます。

「手引き」には冒頭に「児童・生徒が集団の中で、多様な考えに触れ、認め合い、協力し合い、切磋琢磨することを通して一人一人の資質や能力を伸ばしていくという学校の特質を踏まえ、小中学校では一定の集団規模が確保されていることが望ましい」という表現があります。しかし、このような内容自体、1957年の「手引き」等には全くなかったものです。この出典は2014年に閣議決定された「まち・ひと・しごと創生総合戦略」であり、「地方創生」期の文書です。そもそも「切磋琢磨」は、教育学的根拠のない「教育的俗語」で、検証も定義もなく今回の「手引き」で初めて用いられたものです。

そしてそれに続く、「このため、国では昭和31年に中央審議会の答申を踏まえて」、「手引き」や「学校規模（学級数）の標準」を定めるなどして「地域の実情に応じた学校規模の適正化を推進してきた」という記載は、2014年の内容を根拠に1950年代の制度化が進められた、という論理的に矛盾のあるものになっています。そもそも前述のように「標準学級数」自体が教育学的な根拠に基づいて定められたものではないからです。「少人数学級や小規模校は子どもにとって教育的効果が低い」という内容は、今回の「手引き」で初めて出されたものです。

さらに、「手引き」では具体的に、第二期教育振興基本計画（2013年）において「グループ学習、ICTの積極的な活用をはじめとする指導方法・指導体制の工夫改善を通じた協働型、双方向型の技術革新」の必要性が盛り込まれたことから、「学級の児童生徒数があまりにも少ない場合」「新たな時代に求められる教育活動を充実させることが困難になる」といった根拠が挙げられます。しかしそのような「新しい学び」にどの程度の学級の人数が必要なのか、実証的な根拠の説明は一切ありません。

例えば2020年に、コロナ禍の国民的運動を背景に小学校の学級定数を「40人以下」から「35人以下」に改正する、いわゆる「少人数学級の実現」、義務標準法改正の際は、「少人数学級はいかに教育的効果が高いのか」、具体的な人数を挙げた多くの実証的な研究データが教育学者から根拠として提出されたのと対照的です。しかも「手引き」が問題にしているのは「学級の人数」であって「学校規模」ではないのです。そして、学校規模と教育的効果には相関関係がないとするのが教育学の通説です。

また、「手引き」では、小規模校のメリット・デメリットを併記するのではなく、デメリットのみを集中的に前半第1章に書いた上で、統合の厳格な「学級数」基準について展開し、ようやく後半第4章の「小規模校を存続させる場合の教育の充実」で、「学校統合を選択しない場合」4つのケースを例示してから、小規模校のメリットのみを記載する、という変則的な構成になっています。当然ながら4つのケースには①「離島や山間部」「豪雪地帯」などが挙げられていますが、④に「学校を当該地域コミュニティの存続や中核的な施設と位置付け、地域を挙げてその重質を図ることを希望する場合」も明記されています。まさに、多くの紛争化しているケースはこれに該当するがゆえに、保護者や住民は必死に学校を守ろうとしていると思われます。

しかし、自治体が「手引き」を参考に独自の統廃合計画を策定する場合、その前半のみを引用しているケースが圧倒的に多いのです。特に、複式学級校や単学級校を対象とした統合計画では、「存続させる場合」には全くふれずに部分的に都合よく引用されます。

5 根拠となる教育学的理論は

この「手引き」における、検証が不十分な厳格な学級数基準、児童・生徒数との二重の基準などには、作成協力者として記載された4名の教育学研究者のうち、特に学校統廃合問題を専門とする葉養正明氏の影響が見られると思われます。

葉養氏は2010年に目黒区の学校選択制下における中学統合校評価委員会の委員を務めた後、2014年に杉並区の統合プランである「新しい学校づくり審議会」委員を1年だけ務めています。杉並区では、地域に小規模校がある場合、エリア内の他校も統合計画の対象とするこの「新しい学校づくり」の考え方に基づいて計画化が進められました。その中で、2小1中を統合した施設一体型小中一貫校の高円寺学園計画が進められることになります。地域との合意形成も不十分な地上6階建て校舎の建設計画に対して住民の反対運動が起こりました。しかし工事業者が工事妨害を理由に住民を訴える「スラップ訴訟」を起こすなど紛糾化しました。

葉養氏は1年だけで杉並区の委員を終えていますが、同時期の2015年に公表された文科省「手引き」作成には関わっています。その直後の2016年からは足立区の教育委員に任命され、全区レベルの大規模統廃合計画策定を進めました。この計画も学級数と児童・生徒数の二重基準とエリアごとに統合校を決めるものです。

さらに、葉養氏は2018年から現在まで、埼玉県上尾市の全市規模の小中一貫校・統廃合計画にコミットしています。同市の計画は公共施設の経費35％削減を掲げた公共施設再編計画と直結した教育学的根拠が弱いものです。そこにも、厳格な人数基準主義とエリアごとの対象校設定が盛りこまれています。しかし、市民による見直しの運動が行われた結果、2021年、議会全会派一致で「行政は、公共施設の経費35％削減という数値目標にとらわれず、教育施設としての特性に鑑み、（統廃合）計画を再検討する」ように、という意見書の採択に至っています。

さらに文科省の「手引き」では根拠のない「教育学」的フレーズが多用されます。例えば「切磋琢磨」などが代表的なものです。

しかし「切磋琢磨」が教育的俗説であっても、教育行政が「宣伝」に使うと親の分断に有効に機能します。将来的な人口減少とそれに伴う少子化が「推計」で示され、「小規模校の教育的効果は低いので子どものために早い解消を」といった根拠のないフレーズが使われると、親たちは不安を煽られ、学校を存続させたい地域住民の運動から離脱してしまう事例は全国で見られます。

「将来的な複式学級の実現」もまた、親の分断に利用されています。特に複式学級について「手引き」では、「教員に特別な指導技術が求められる」「教員の負担が大きい」等が解消すべき理由として挙げられています。しかし「教育的効果が低い」とは一切書かれていないのです。複式学級は指導方法が異なるので、一般の学級と比較することは難しいですが、その豊かな教育実践、きめ細かな学びについて日本の教育学研究には豊かな蓄積があります。そのような教育的価値を広く保護者らが学習で共有し、根拠のない小規模校ダメ論に対抗していくことが求められます。

6　いよいよ根拠のない小中一貫教育

小中一貫校制度は、2000年の広島県呉市の3小学校1中学校のケースを皮切りに、当初は「中1ギャップの解消」「発達の早期化」を根拠に、実際には統廃合の方途として拡大してきました。しかし小学校から中学校へと「学校文化」が変わるため、いじめや不登校が多発するようになる、それゆえ小中一貫で「段差を滑らかにする」、といった説明はもともと科学的根拠が十分なものではありませんでした。特に、2013年頃から小学校でのいじめ、不登校が急増し、2014年に国立教育政策研究所が「中1ギャップの真実」で根拠が不十分であることを指摘しています。*4

代わって一部の自治体では「小中で一貫した（学習）スタンダード」といった導入理由も用いられるようになりました。この「スタンダード」には、教育方法の画一化や小学校の管理化を招く傾向も見られますさらに、現在文科省が推進している小学校高学年の「教科担任制」も、小中一貫教育拡大のインセンティブとなっています。十分な数の教員加配がない中で推進されることにより、自治体は中学校教員を小学校の授業に充てる手法を取らざるを得なくなり、それが小中一貫教育のインセンティブとなります。しかし高学年の「教科担任制」自体の効果とデメリットは明確にされていません。

近年の傾向として、ハコモノ優先で教育学的根拠が十分に示されない小中一貫校計画すら出現しています。東京都清瀬市の小中一貫校計画は当初一貫教育の効果も説明されておらず、住民運動により一時その部分が計画から削除されました。

また前述のいわゆる「廃校」条例を背景に小中一貫校制度を使って統廃合を強行した大阪市生野区では、2022年春、数年間継続されてきた反対運動を押し切って6小学校が統合されました。その際、同一区内で制度的に統一性のない義務教育学校（4・3・2制）、施設一体型一貫校（6・3制）、隣接型一貫校（6・3制）という異なったタイプの制度に再編されています。そもそも、統廃合は地域の合意形成が決定的に重要で「条例」の強制になじむ事項ではない上に、根拠となる共通の小中一貫カリキュラムも準備されていません。まさに統合強行の突破口として一貫校が用いられたケースといえるでしょう。

小中一貫校は、教育的効果やデメリットがまだ明確ではない制度です。2015年の学校教育法改正の審議時にも、小中一貫校と非一貫校を同一条件で比較した研究がないことを文科省自身が回答しています。この間、例えば筆者も参加する教育学・心理学研究者のチームが2013年から継

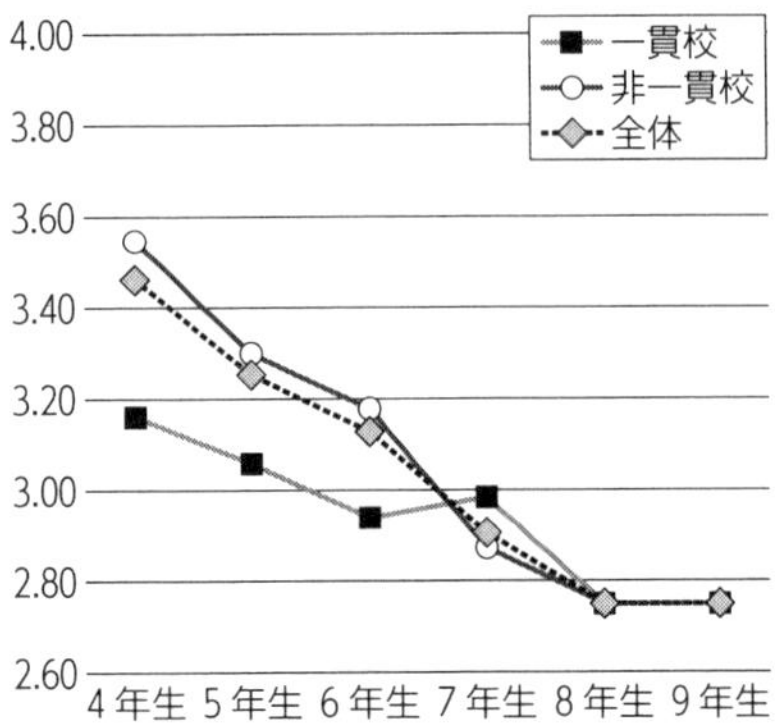

図1－4　一貫校と非一貫校の児童・生徒の「自信」の比較

出所：文部科学省科学研究費基盤研究（B）「小中一貫教育の総合的研究」研究代表　梅原利夫、2013年。*5

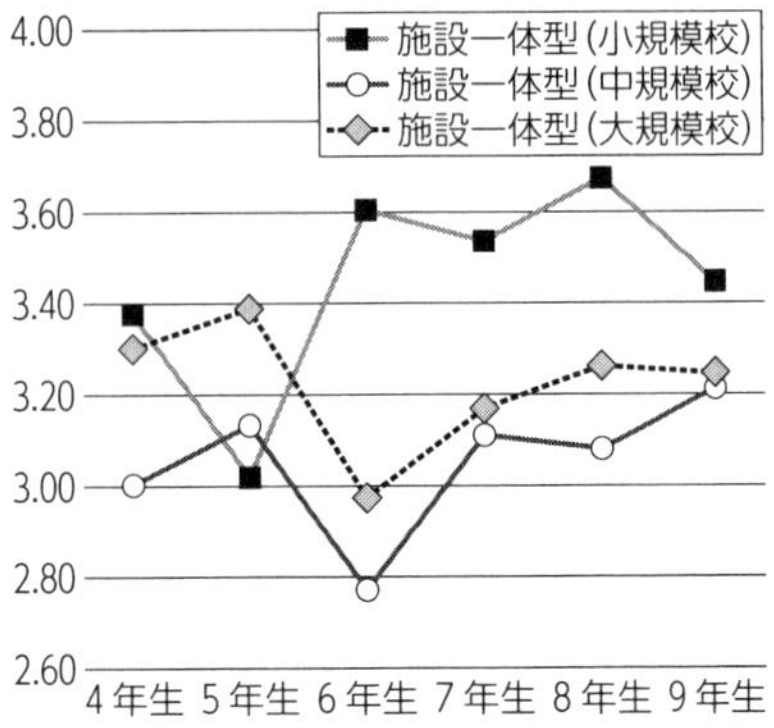

図1－5　小規模校と大規模校（施設一体型小中一貫校）児童生徒の「個の認識・主張」の比較

出所：図1－4と同じ。

続的に、施設一体型一貫校と非一貫校の児童・生徒を対象とする大規模アンケート調査を行ってきました。例えば２０１３年度の調査では、児童・生徒のコンピテンス（やればできる、という自信）を指標の中心とした内容でした。**図１－４**に見るように小学校段階で施設一体型小中一貫校にネガティブな傾向が見られました。また、２０１５年の「レジリエンス（困難にくじけない気持ち）」を指標の中心とした調査では、「教師からのソーシャルサポート」「友人関係」などで、施設一体型一貫校の６年生に特にネガティブな傾向が見られました。

　従来、小学校の最高学年として学校行事や自治活動でリーダーシップをとり、「自己有用感」を高める高学年期に、思春期の中学生が同一空間にいることによりその獲得に何らかの課題があることが推測されます。

　また、**図１－５**は、施設一体型一貫校のうち小規模校と大規模校で児童・生徒の精神的健康度を比較した調査結果です。「個の主張」の指標では6年生以上で小規模校の児童・生徒の方にポジティブな結果が見られました。同じ施設一体型小中一貫校でも小規模であれば、制度によるデメリットが緩和されることが推測されます。あるいは小規模校の中には、もともと小中併置校などで小中合同の活動をすることが多かったケースがあったのかもしれません。

7　義務教育学校の新たな活用——地域に学校を残すために

2015年に学校教育法が改正され、新たな学校種である「義務教育学校」が制度化されました。同制度は「9年間の教育目標の設定」「9年間の系統性・体系性に配慮されている教育課程の編成」を要件としていますが、実質的には、一人の校長、1つの教師集団からなる学校としてとらえられます。

同じ2016年3月の省令によって、別々の校長、教師集団からなる「小中一貫型小学校・中学校」が制度化されました。小・中同一の設置者からなる「併設型小中一貫校」と、異なる設置者からなる「連携型小中一貫校」からなります。この併設型と連携型の区分根拠は、1998年に新設された中高一貫校制度に準じたものであると思われます。中高同一の設置者の場合は「併設型中・高一貫校」、異なる設置者の場合は「連携型中・高一貫校」となります。

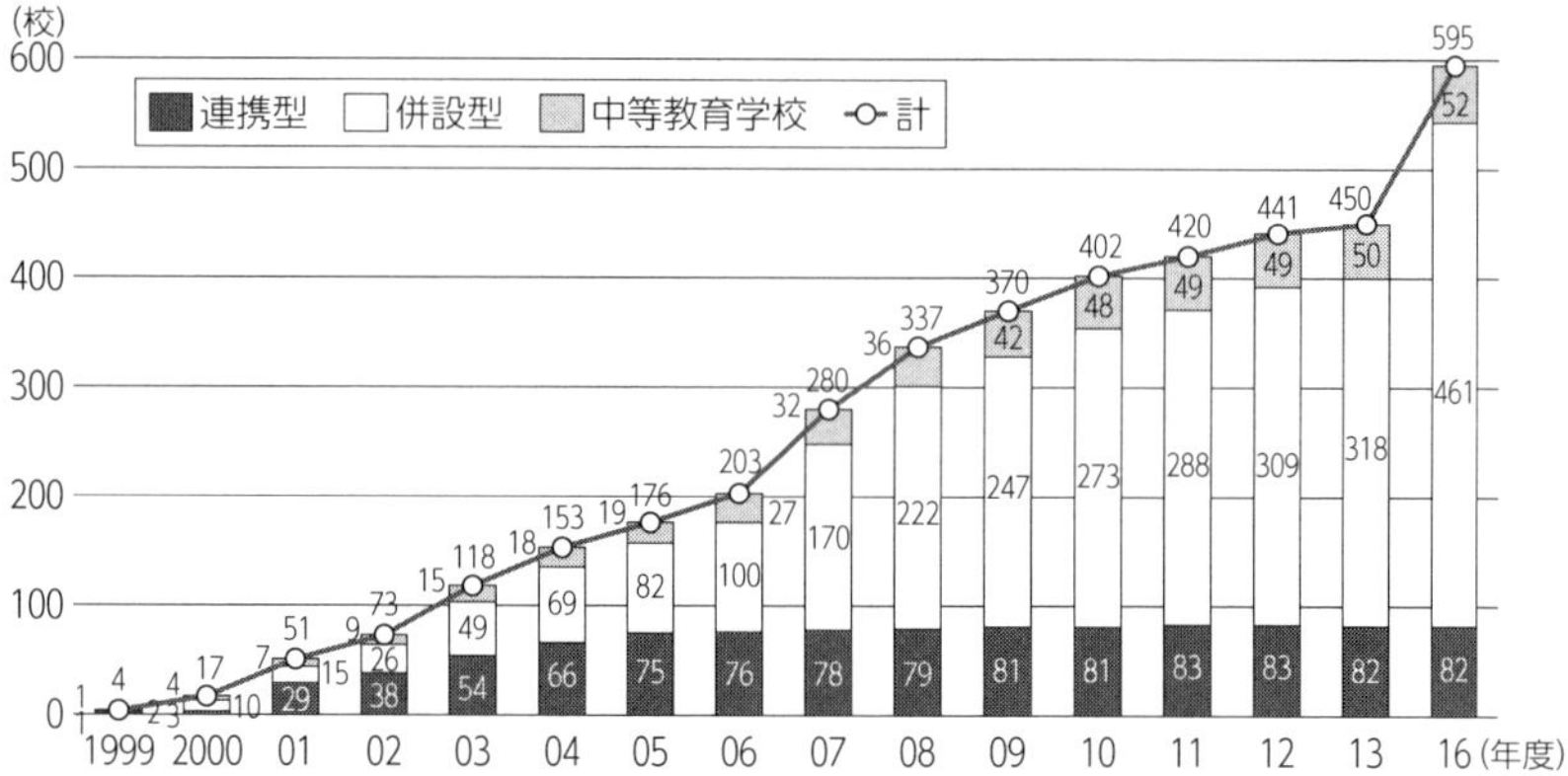

※2016年度の設置状況

区　分	中等教育学校	併　設　型	連　携　型	計
公　　立	31（29）	87（74）	80（81）	198（184）
私　　立	17（17）	373（243）	2（1）	392（261）
国　　立	4（4）	1（1）	0（0）	5（5）
計	52（50）	461（318）	82（82）	595（450）

図1－6　中高一貫教育校数の推移

注：1　（　）内は2013年度の設置校数です。
　　2　併設型及び連携型は、中学校・高等学校1組を1校として集計しています。
　　3　2003年度に和歌山県、2009年度に神奈川県で設置された国立大学附属中学校・県立高校の連携型中高一貫教育校は、公立に含めて集計しています。
出所：文部科学省「高等学校教育の改革に関する推進状況について」（2017年）より筆者作成。

公立の中高一貫校の場合、中学が区市町村立、高校が都道府県立であるケースが多いために、連携型中高一貫校がすでに約100校程度開設されています。しかし小中一貫校の場合、小と中で設置者が異なる連携型はほとんど存在しません。同じ中高一貫校の中でも高校入試が必要なく6年間で大学受験に特化した教育課程を編成しやすく、進学に重点化されたケースが多いのは、併設型中高一貫校と中等教育学校

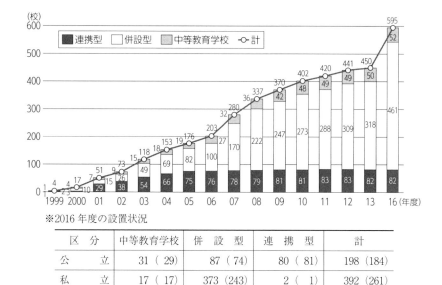

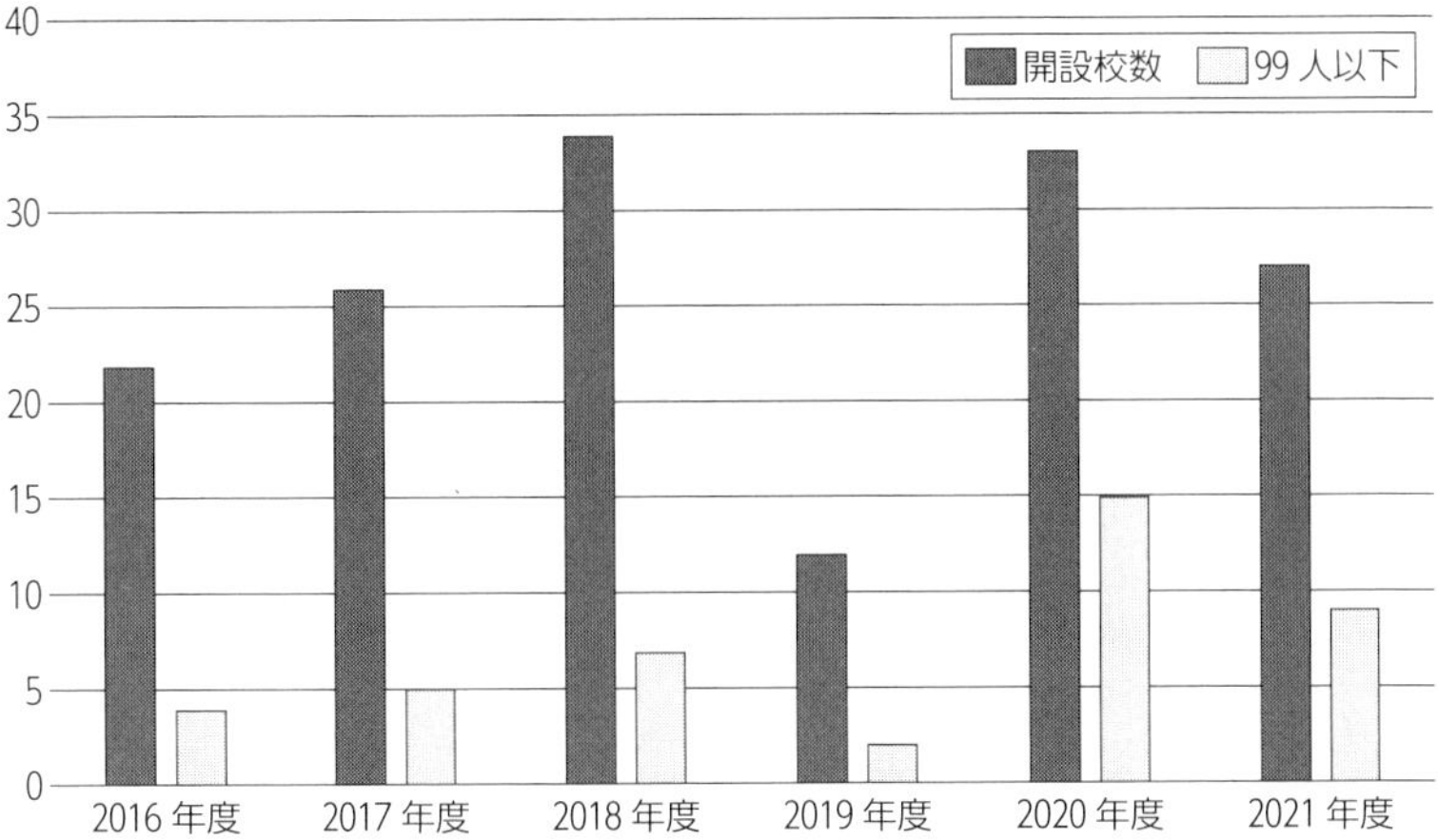

図 1－7　義務教育学校開設数・99 名以下校数

出所：文部科学省「学校基本調査」(2022 年) および各都道府県教育委員会 HP と各県教育委員会への聞き取り調査より筆者作成。

です。特に私立は圧倒的に併設型が多くなっています。しかし、データは少し古いですが、**図１－６**のように併設型中高一貫校の校数が総じて増えていることから、大学受験を目的とした特色が強くなっていることが推測されます。

他方、**図１－７**は、２０１６年度以降の義務教育学校数の推移、およびその中の全校児童生徒99名以下の学校数の推移を示したものです。当初は品川区、つくば市などで千人規模以上の大規模校が目立ちますが、次第に過疎地における99名以下の小規模校の比率が増していきます。２０２０年度は約５割に及んでいます。なお２０２１年度の開設は27校、うち99名以下校は９校で、二極化の傾向が定着しているようです[*6]。

その中には、従来の小中併置校から移行した全校児童生徒10名以下の学校や離島など地理的条件が特別な学校も複数あります。実際には、教育委員会による学校統廃合計画が進められる中で、地域に1校でも学校を残すために地域住民や保護者らが義務教育学校を敢えて選択するケースも多くあります。さらに、教育委員会が、小中を合せて義務教育学校にすると同時に小規模特認校に認可し、特色ある教育活動に対して学区外から入学者を集めて学校を存続させようとするケースもあります。高知県高知市に合併した旧土佐山村の義務教育学校土佐山学舎は、2016年に新校舎の義務教育学校開設と同時に小規模特認校に認可されました。約100名強の児童・生徒数のうち半数が学区外から通学しています。英語・外国語教育の研究などが特色として紹介されています。いずれにせよ、義務教育学校は過疎地に小規模な学校を存続させる場合、利用しやすい制度といえるのでしょう。

教育学的根拠がなく地域破壊をもたらす学校統廃合

このように、文科省「手引き」に基づいて教育学的根拠が十分な実証なしに盛りこまれ、子どもの「教育的効果」論が前面に出されるとともに、1973年の通達で一度は否定された学級数基準に基づいた統合が行われるようになっています。他方、社会人口研究所などの推計による将来的な児童・生徒減の予測が保護者や地域住民から展望を奪っています。

しかしながら、学校は、公共施設等総合管理計画において延床面積で表現されるような単なる公共施設ではなく、歴史的に地域コミュニティの中核であり、文化センターとしての意味を持っています。行政側の宣伝によって分断される保護者が、地域における学校の価値、そして地域社会を持続させることの意味について認識し、学校を守る共同の主体になることが大きな意味を持っているでしょう。

引用・参考文献

1 若林敬子『増補版　学校統廃合の社会学的研究』御茶の水書房、2012年（原著は1999年）。
2 山原健次郎議員（高知県選出）は、衆議院予算委員会第2分科会（1973年3月7日）において、高知県で1956〜1970年の間に140校の小中学校が廃校になったことを原因として「深刻な教育上の問題」が生じたと述べた。さらに部落懇談会が開催できなくなるなど地域コミュニティに生じた問題も指摘している。
3 吉岡直子「学校の設置」・廃止と就・通学をめぐる争点と課題」『立憲主義の危機と教育法　日本教育法学会年報　第46号』有斐閣、2017年。
4 文部科学省国立教育政策研究所『生徒指導リーフ「中1ギャップ」の真実』2014年。
5 梅原利夫・都筑学・山本由美編著『小中一貫教育の実証的検証』花伝社、2021年。
6 志水宏吉『二極化する学校――公立校の「格差」に向き合う』亜紀書房、2021年。

第2章

新たな段階を迎えた高校統廃合

山本由美

新自由主義教育改革のもとでの高校統廃合

高校制度は職業分野と直結し、「人材」養成を求められるがゆえに、小中とは異なる再編の方式が求められます。2000年前後に、東京を中心に大都市部で高校再編が行われたのは、1980年代以降の産業構造の転換に対応したものでした。それが遅れた自治体でも新自由主義的な政策の中で高校の序列的再編に着手しています。さらにICT活用による遠隔授業が過疎地の小規模校に導入され、高校教育の質を変貌させています。

1　産業構造の転換に応じた再編へ

2000年前後から、大都市部では産業構造の転換に応じた高校の序列的再編が行われ、同時期に小泉政権の三位一体改革によって地方交付税が減額されたことにより、高校の総量規制とも言える統廃合が主に地方で計画化、実施されています。

その際、**表2－1**に見るように全国で、教育学的根拠のない高校「適正規模（1学年4～8学級が圧倒的に多い）」が設定されました。自治体によっては、都市部の「適正規模」は大きめに、中山間地は小さめに設定されています。

さらに2003年に東京都から全国に拡大した全県1学区制が、全国的に高校の選択行動に拍車をかけました。過疎地にあり、交通が不便な周辺部の高校が一層小規模化し、独自の「最低基準」

表２－１　都道府県別高校適正規模

	適正規模の基準（全日制）	機械的基準有無	募集停止の基準
北海道	4～8学級		第1学年3学級以下校は原則再編整備（地理的条件で例外もあり）
青森県	市部6学級以上 その他4学級以上		
岩手県	4～6学級	○	1学年1学級校2年連続して20人以下 ➡原則として募集停止（2021年より）
宮城県		○	2年連続収容定員の3分の2未満、160人に満たない（2012年より） 分校は2年連続3分の2未満、80人以下 所在市町村中学から4分の1以下入学
秋田県	4～8学級		2学級規模校2年続けて3分の2以下 ➡分校化、統合等を検討
山形県	4～8学級	○	2学級規模校2年続けて3分の2以下
福島県	4～8学級	○	2学級以下校3年続けて2分の1以下
茨城県	4～8学級		適正規模の維持が見込まれない
栃木県	4～8学級		適正規模未満、将来的に維持できない
群馬県	4～8学級		適正規模未満、将来的に維持できない
埼玉県	6～8学級		
千葉県	都市部6～8学級 郡部4～8学級		
新潟県	4～8学級		
富山県	5～6学級基本 4～8学級が望ましい		
石川県	4～8学級		
福井県	4～8学級		
山梨県	6学級を中心に4～8学級		
長野県	6学級を中心に2～8学級	○	都市部・中山間部で異なる基準に基づいて統合
静岡県	6～8学級		
大阪府		○	3年連続して定員割れ ➡再編整備の対象（2012年条例化）
兵庫県	普通科6～8学級	○	全学年が1学級になり2分の1以下が3年続き増加が見込めない場合
岡山県		○	2年連続して定員割れ ➡統合（2019年より）

和歌山県	4～8 学級		
鳥取県	4～8 学級 地域に応じて 3 学級以下も		
島根県	4～8 学級		➡2018 年に「機械的統合」を見直し
広島県	4～8 学級		
山口県	4～8 学級		
徳島県	4～8 学級	○	1 学年 80 名を 2 年連続して下回ると統合検討、その後も生徒数の増加が望めない➡原則翌年から
香川県	5～8 学級		
愛媛県	3～8 学級	○	2022 年変更「3～8 学級」を下回る場合が 3 年連続した場合、新入生 80 名以下 3 年連続
高知県	4～8 学級		
長崎県	4～8 学級（160～320 人）	○	3 学級以下校 2 年続けて募集定員の 3 分の 2 以下
熊本県	4～8 学級	○	1 学年 2 学級校 3 年連続して入学者が 1 学級分 1 学年 1 学級校 3 年連続して入学者が 2 分の 1 未満
大分県	6～8 学級	○	1 学年 1 学級の分校及び 1 学年 2 学級の学校➡ 2 年連続して定員の 3 分の 2 未満
宮崎県	4～8 学級		
沖縄県	4～8 学級	○	収容定員が 240 人を満たさない➡分校化、統廃合検討

出所：文科省：再編整備に係る計画等がある都道府県の適正規模の基準（2012 年 12 月時点）その後の各県資料等をもとに筆者作成（2022）。

を割り込んで統合のターゲットになっていきました。

新自由主義的教育改革における高校再編は、例えば、製造業から金融、不動産、多国籍企業の本社、サービス業などへ劇的な産業構造の転換に成功した自称「グローバル都市」、アメリカのシカゴ市でその典型例を見ることができます。それまで製造業向けに比較的平等な学力を提供していた公立高校を、1990年代に「グローバル・エリート」向け入試選抜校と、「非エリート校」に序列化、再編しました。[*1] そして前者に、重点的に資源配分を行いました。「グローバル・エリート」にとって、食事、清掃、交通、福祉、運輸など各種の低所得サービスを提供し、「8学年程度の学力と従順な態度」を有する地元の「非エリート」が一定数必要になるからでした。「従順な態度」養成のために、底辺校では厳格な生徒指導であるゼロ・トレランス・ポリシーが導入されました。

しかし低所得サービス業者に必要な人員は製造業従事者ほど多くなかったため、「余剰人材」が生じました。それを受け入れるためのニュータイプの高校が普通の高校を統合・再編する形で開設されました。多くの高校が廃校になり、一部の底辺の普通科高校は「従順な態度」重視で軍事的な訓練を行う公立ミリタリー・スクール（卒業生の一部は軍にリクルートされる）や、低所得サービス業向けのキャリア・アカデミー（職業準備校）などに再編されました。公立高校を廃校に追い込むため、民間のチャーター・スクール（公設民営学校）を近隣に開設し、保護者や生徒の選択行動を利用して入学者を奪う手法も多用されるようになりました。

2 高校再編の新たな方向性

東京など大都市でスタートした産業構造の転換に対応した高校再編は、2014年にスタートした「地方創生」政策の下、次第に全国で拡大していく傾向が見られます。

2019年5月に公表された教育再生実行会議第11次提言「技術の進展に応じた教育の革新、新時代に対応した高等学校改革について」は、この間の高校制度の改革方針をまとめたものとしてとらえられます。

まず第1に、普通科高校（全高校の73％を占める）の類型化と削減の方向性が提起されます。普通科高校の「類型」と称して、①グローバルに活躍するリーダーの素養の育成、②サイエンスやテクノロジーの分野等におけるイノベーターとしての素養、③キャリアをデザインする力、④地域課題の解決等を通じた探究的な学び、の4つが例示されています。明らかに①と②が「グローバル・エリート」養成に対応し、③と④は、非エリートに対応した類型化になっています。

第2に、定時制・通信制課程のあり方の見直し（実際には削減を含む）、が挙げられます。かつての勤労青年向けの定時制のニーズが、不登校生徒受け入れなどに「多様化」したことがその「理由」として挙げられます。

第3に、地域や大学等との連携と称しての「高校におけるコミュニティ・スクールの導入」が挙げられます。普通科の底辺校が存続していく方途として、「地域との連携」と称して、特に大学や地域企業との連携が求められます。

第4に、少子化への対応と称して、離島・中山間地域の小規模高校に対してICTの導入、大学との連携強化による学習の多様性が提起されます。これはその後、ICTを活用した過疎地校への遠隔地事業として導入されていくことになります。

さらに2021年12月に出された、省庁横断的な「総合科学技術・イノベーション会議　教育・

人材育成ワーキンググループ」による「教育・人材育成に関する政策パッケージ策定に向けた中間まとめ」では、社会構造の劇的な変化を前提に、学校制度全体における「ＳＴＥＭ教育の重視、理数系教育へのシフト」が提起されています。今後、高校再編特に普通科高校の統合・削減に影響を与える可能性があります。

3　大都市部の産業構造の転換に応じた高校再編、２０００年前後

高校統廃合の状況について図１－３（24頁）の都道府県別廃校数をみると、高校廃校数が多く、小・中に対してその比率が高い自治体として、東京都、大阪府、神奈川県、埼玉県などが突出しています。

東京都の場合、１９９０年代から高校のスクラップ・アンド・ビルドが始まります（図１－２参照、23頁）。１９８５年には、東京都ではまだ製造業、卸・小売業が主要産業でしたが、１９９０年代になると金融、保険、不動産、そして各種サービス業が取ってかわります。多くの製造業、卸・小売業に必要な人材養成を担っていた工業高校や商業高校、定時制高校が廃校の対象となり、新たな産業に対応したニュータイプの高校が開設されるようになります[*2]。

すでに１９９５年の青島都政下の「都立高校白書」で高校統廃合計画の必要性が提起され、１９９７年、１９９９年に「都立高校改革推進計画（第１次及び第２次）」が、高校の多様化・特色化を

打ち出しました。それは１９６０～70年代の職業選択に対応した工業高校の増設などに代表される多様化路線とは異なり、エリート養成と低所得サービス業従事者養成に向けて、特に後者では、「出口の職種が狭く設定され、かつ専門教育も軽量化される」ような新多元的能力主義がめざされるようになります。

計画は、２０１１年までに全日制高校２０８校中68校を閉校して新たに40校を開設、さらに、定時制は１０３校のうち63校を閉校して、ニュータイプ15校を開設、合計で55校に半減させるというものでした。その中には、「総合学科」、「中高一貫校」などとともに、当時「都教委最大のヒット」と東京都教育委員会自身が述べていた、不登校生徒を主な対象とする昼間定時制「チャレンジ・スクール（現在は5校）」が含まれていました。学力検査ではなく、面接・作文によって、主に不登校経験のある生徒を選抜する方式を採用しました。

さらに普通科高校を「進学指導重点校」、「中堅校」、「教育課題校（エンカレッジスクールなど）」に序列化し、２００３年には全国に先駆けて高校学区制を撤廃して競争的環境を徹底させました。それぞれの教育課程についても、かつて普通科高校に共通していた全教科をそろえる「重装備の普通教育」の教育課程を一部進学校を除いてとりやめ、例えば「茶道」など、「教科」とも言えない科目を単位に認めるようになりました。言わば学力の「武装解除」ともいえる状況が生み出されました。*3

4　大阪発のパー・ヘッド・ファンドの選択

２００３年、東京都で最初に行われた学区撤廃は全国に波及し、さらに表2－１に見るように教育学的根拠のない高校「適正規模」が多くの自治体で設定されるようになりました。

大阪府では２０１１年度から、当時の橋下徹の維新府政のもと、年収６２０万円以下の家庭に対して私学助成により私立高校の授業料が実質無償になりました。そこで、従来経済的理由から府立高校に進学していた層が私立高校に大量に入学するようになったのです。その際、「パー・ヘッド・ファンド」と称して、入学者数に応じた学校への教育費配分制度を導入したことにより、一部の私立高校は定員以上の入学者を迎えるようになります。その結果、半数以上の府立高校（その多くがいわゆる底辺校でしたが）が定員割れを起こすようになりました。

そして２０１２年に公表された大阪府教育基本条例によって、３年続けて定員割れを起こした府立高校は「再編整備」の対象となることが方針づけられました。地域的に府内周辺地域にあり、生徒を集めるのに厳しい条件がある高校やいわゆる底辺校が統合対象となり、この10年間で地域の反対運動にもかかわらず6校が廃校になっています。

このような公立と私立を入学者獲得で競わせて生徒減の公立校を廃校にする方法は、アメリカで一般的にチャーター・スクール（公設民営学校）の開設によって典型的に行われています。公立校の近隣に授業料無償で、保護者に魅力的に見えるチャーター・スクールを開設して、公立入学者を奪うのです。入学者数に応じた教育費配分制度も有効に機能します。行政は公共部門を縮小でき、教員組合勢力を分断することも可能になります。

この「定員割れ」を一定年数続けると機械的に募集停止などにする、入学者の選択行動を利用した方式は、小規模校の場合にはの**図1－3**（24頁）にあるように、宮城県、山形県、福島県、兵庫県、徳島県などで導入されてきました。ただし過疎地で全県1学区制導入後、入学者が極端に減少し「すべての学年が1学級になった学校において入学者が生徒定員の2分の1に満たない状況が3年間続いた（兵庫県）」場合など限定的な基準がほとんどで、大阪府立高校の様に一般校の定員割れに機械的に適用されるものではありませんでした。

条例化したのは大阪府のみですが、その後厳しい統合基準が導入された事例として、例えば岡山県では2019年に「2年連続して第1学年100人を割り込んだ高校を再編対象に、80人を割り込んだ高校を募集停止にする」といった基準が新たにつくられています。

また、長野県では2017年「学びの改革　基本構想（高校フロントランナー改革）」において、①都市部存立普通高校「520人以下が2年連続」、②都市部存立専門高校「280人以下が2年連続」、③中山間地存立高校「120人以下もしくは、160人以下で地域中学からの入学が半数以上ない状況が2年連続した場合」で、他校との統合、もしくは募集停止、③の場合は他校の「キャンパス校」化を行う、といった地域で異なる機械的基準を公表しました。

さらに、2019年に「高校の将来像を考える地域の協議会」を地域ごとに結成して、自主的に高校統合を含めたプランを検討させるシステムを導入しています。この背景には、2004年に当時の田中康夫知事の高校再編計画が地域の強い抵抗で失敗したことへの反省があるようです。都市部と地域で2区分の基準を定めた機械的統合、高校再編に積極的なメンバーのみを委員にする地域協議会の結成、それは典型的に現れています。

そんな中、島根県は例外的に2018年に、それまで行ってきた機械的統合を見直し、小規模校でも高校「魅力化」事業の対象として存続させるように方針転換しています。県内では、全国的に有名な隠岐の島の島前高校が全国から入学者を受け入れたいわゆる「島留学」のケースが注目されています。高校敷地内に開設した「学習塾」による進学指導、地域の高校をコミュニティ・スクール化し、地域産業と結びついた実践など、全国の高校関係者から注目される特色が見られます。島根県ではかつて1990年代までは大学受験に向けた競争主義的な高校教育が行われていましたが、その後方針転換が図られたものです。

地域と連携した高校の方策は、政府による「地方創生」政策の「まち・ひと・しごと創生総合戦略（2014年）」、「次世代の学校・地域創生プラン（2016年）」などに位置づけられています。第2次安倍政権の目玉政策だった「教育再生実行会議　第6次提言（2015年3月）」でも、学校を核とした地域活性化、地域に誇りを持つ教育などが提起されています。全国的に高校再編の1つの特色ともなっています。ただ地域高校によっては、「進学」実績を競争的に「特色」化する傾向があることについては、一見魅力的ではありますが、高校間の競争を前提としたものになってしまう側面もあるかもしれません。

5　公共施設等総合管理計画、新たな産業構造の転換に結びついた再編

２０１４年にスタートした「地方創生」政策のもと、２０１４～16年度に総務省が全自治体に「要請」した公共施設等総合管理計画は、道府県レベルで高校統廃合のインセンティブになっています。計画策定期間を「30～50年」と設定する市町村に対して、都道府県は「10年間」と短めに設定するケースが多く、公共施設の延床面積で3～5割を占める学校施設が小中学校同様、統合・廃止のターゲットになっています。当初から、複数の高校を統合して「規模最適化」し、「事業債」の対象とするモデルケースを総務省は提示しています。

例えば奈良県では２０１６年の公共施設等総合管理計画公表後、２０１８年に全県的に高校再編計画が公表され、将来的な生徒数減少を根拠に複数の普通科高校が統廃合のターゲットとなりました。

中でも、伝統的な進学校である奈良高校の施設が老朽化したという理由で、近隣の平城高校を廃校にしてその校舎を奈良高校に充てる、という計画は全国的に見ても最も統合の合理的根拠のないケースでした。定数割れもなく、地域の人気校であった普通科高校である平城高校に対する廃校計

画に、生徒、保護者、地域住民による広範な反対運動が起きました。結局、当事者である生徒4名が原告となり、県に高校の廃止取り消しと、受けた精神的損害による賠償を求めた訴訟へと発展しました。2020年3月の奈良地裁の第1審では高校廃止の情報提供が生徒に事前になかったことに対しての違法性から、県の損害賠償義務（一人当たり11万円）が認められましたが、県による高校廃止、募集停止判断の違法性については認められず、廃校計画は覆らされませんでした。さらに2021年3月の大阪高裁判決では、平城高校の存続を求めた提訴は却下、奈良地裁で認められていた損害賠償も取り消しになりました。裁判の中では、廃校計画が関係者への情報公開なしに進められてきたことが明らかになりました。

同様に公共施設再編が呼び水になったと思われる計画として、山口県の全県的な高校再編計画があります。山口県は、富山県や福井県などとともに、工業県として現在まで県内の産業として製造業が維持され、工業高校から県内企業への就職が一定程度保障されている例外的な自治体です。また、1960~70年代に工業地域を中心に全県的に普通科高校、専門高校、分校がまんべんなく配置され、教育条件整備が他県に比して充実しているという特色もあります。生徒数減に対応してこれまで量的縮小のための高校統廃合は行われてきましたが、商業と工業を統合して「商工高校（3校、2006年）」にするなど、新たな産業構造に対応する再編ではありませんでした。

それが、2015年3月の「山口県公共施設等マネジメント基本方針」では、県立高校について、第2期県立高校将来構想に基づく再編整備計画により、「特色ある学校づくりと学校・学科の再編」

に取り組むこと、全体方針の筆頭に「総量の適正化＝統廃合・廃止」が明記されました。同時期に出された「第2期県立高校将来構想（2015年）」とそれを受けた将来10年間の「県立高校再編整備計画（2015年10月）」では、新たに機械的統合基準（「4～8学級」が望ましい学校規模、3学級以下を再編統合対象とする）が導入され、加えて中高一貫校、中等教育学校などを含むニュータイプの高校への再編が県内では初めて提起されています。その目玉が、各地の定時制高校を統合した昼間3部制定時制・通信制高校（県内9校を2校に統合する）への再編です。中でも定時制高校6校を新幹線の新山口駅前の校庭もない6階建てビルディングのみの「松風館高等学校（定時制120名、通信制400名）」にまとめる計画は、東京の主に不登校生徒を対象としたチャレンジ・スクールと同じタイプであるようです。しかし東京や他県で不登校生徒向けの制度とされた特色については、山口県では公表されていません。統合校のある最も遠い萩市圏内からは約58キロメートル、電車で84分と極めて広い通学圏を形成していますが、不登校傾向のある生徒が定時制に通学することには、通学距離や通学費用などから困難が伴うことが予想されます。従来、製造業に従事する労働者が夜間に学ぶ高校だった定時制に、不登校傾向の生徒たちが入学するようになる傾向は1980年代以降全国的なものでした。これまで定時制高校を維持してきた山口県でもその「切り捨て」が行われるようになったといえるでしょう。

さらに山口では、全国に先駆けて2018年に小中高すべての公立校に「学校運営協議会」（地域や保護者から委員が任命され学校運営に一定の権限を有する制度）を設けて「コミュニティ・スクール」化しました。「地域教育力日本一」を掲げた政策ですが、実態は、特に進学校などで制度が形骸化する傾向があることを県内の高校教員は述べています。

このように近年まで産業構造に対応した高校制度を維持してきた県が、一気に再編へと向かう傾向が見られます。同様に工業県の富山県や福井県でも、近年になって高校再編がスタートしています。

6　究極のオンライン・スクール

図1－3（24頁）に見るように北海道は全国で小中高とも廃校数が最も多く、高校廃校数も90校（2002～2019年の総計）と全国最多です。その背景には札幌市など大都市部以外の人口減、児童・生徒数減があります。北海道の統廃合方針は道教委による「高校配置計画（3年間の配置計画とその後4年間の見通しを示し毎年更新）」によって進められてきました。2006年以降、全日制の「望ましい学校規模」を「1学年4～8学級」とし、3学級以下校を統合対象としています。さらに近年、「高校を核とした地域振興や特色ある学校づくり」を進める名目で、道立高校から市町村立学校への移管も行われてきました。2016年に離島の奥尻高校が道立から町立高校へ移管したケース[*4]では、町会議員らによる積極的な高校存続のための活動が報告されています。市町村への移管後も入学生徒確保のために、寄宿舎の配置、交通費援助、役場への就職あっせんなど様々な取

り組みが行われている地域もあります。

また2008年度以降、「学年1学級以下」になっても「地理的状況などから統合が困難」で「地元からの進学率が高い高校」の場合は、主となる協力校とセットにして「地域連携特例校（当初の指針では『地域キャンパス校』と称されていました。2022年度には全27校）」として存続させる制度が導入されています。地域の統合反対の声をかわして当面「特例校」として存続させながら、次第に機能を縮小させてフェードアウトを図る制度は北海道で最初に行われ、その後、長野県（キャンパス校）、京都府（学舎制）など各地で類似の制度が導入されています。

北海道の場合、協力校からの「出前授業」、合同の行事や部活動などが行われます。しかし、都市部の協力校から連携校への距離があまりに大きく、教師に負担がかかる事態も出現してきました。

その北海道で2021年度、政府の方針を先取りする「遠隔配信授業」が本格的にスタートしました。札幌市内の有朋高校に道高等学校遠隔授業配信センター（T-base）が開設され、過疎地の27校に7月27日の夏季講習から12人の講師が6教科95講座を配信することになりました。

具体的には「特例校」の主要教科を習熟度別コースにして、大学進学希望の生徒のみが地域の自校の教室で配信授業を受けることになりました。結局、各校の5名程度の生徒が遠隔授業を受け、他の生徒は別教室で、当該校の教師の対面授業を受けることになります。生徒の教科指導は完全に分断されます。また、学校によって担当教員がいない書道や家庭科の授業も配信となります。さらに夏季冬季講習は複数校同時配信も含む遠隔授業で行われます。総じて「大学進学に向けた学力向上」が掲げられ、「共通テスト対策数学」といった科目も設定されています。

この遠隔授業に対して、教師側の声として、北海道教職員組合から以下のような問題点が指摘されています[*5]。第1に、受信側の補助教員の負担が大きいことが挙げられます。「連携校」の教師には、他の生徒の授業を担当しながら、決められた時間にICT機器による受信事務を行うことが求められます。第2に、配信の授業枠が予め決められるため、時間割が固定化されることが挙げられます。そして第3に、特例校の場合、3年間、教科担任が持て人間関係が築ける小さな学校であるはずなのに、習熟度別の上のクラスでは1度も直接担当できない生徒が出るのはデメリットだと感じる、といった点が指摘されました。

本来であれば、生徒と教師の親密な人間関係、きめ細かな指導が実現できることが特色の地域の小規模校であるのに、進学希望の生徒のみが主要教科を配信で受け、自分の学校の教師とは十分な関係を持てない事態がうまれています。将来的には、教師の人件費の削減、民間産業の参入が行われる可能性を、教員組合は指摘しています。

遠隔授業について「生徒や保護者を対象としたアンケート調査（2021年）」によると、「遠隔授業により、進路実現に向けた教科・科目の指導が受けられそうだったから」を入学の理由としていた生徒は28％、保護者は46％の結果でした。生徒は、遠隔授業より、地域の利便性や人間関係で、「連携校」を選択している傾向がわかります。他方、「特例校に入学してよかった」という回答は、生徒より保護者が16％高い傾向が見られ、全体的に地域の高校への進学を保護者がポジティブにとらえていることがわかります。

アメリカのシカゴ市では、将来的に閉鎖を予定している底辺校に対して、条件整備を老朽化した劣悪なままにし、経費削減のために一部の授業をオンライン化していく方策がとられました。その際、美術、体育など主要教科以外の科目が中心的にオンライン化され、全教科においても生徒の選択の幅が極端に狭められるようになりました。また民間企業によって経営されるオンライン・チャータースクール（配信のみで授業を行う公設民営学校）は、校舎も要らず人件費も最低限で済むため「金の生《な》る木」と称されています。いずれも生徒に最も安上がりな教育を提供する際にオンライン授業は利用されます。

しかしながら北海道のケースでは、習熟度別の進学クラスのみに対して主要教科で配信授業を行う点に特色があります。その背景には、進学のための「学力」保障を期待する保護者の声、教育要求があるとされます。配信授業のみであたかも受験予備校のように主要教科の実を3年間履修することが生徒にとっての十分な「学力」保障になるのか、十分な検証が必要だと思われます。他方、高校を「連携校」として地域に存続させたとしても、教育内容が配信主体になった時にその機能を十分に果たすことができるのか、あるいは容易に廃校への道を開くだけのものなのか、といった点も緊急に検討される必要があります。また北海道の制度をモデルに「キャンパス校」制度を導入した他県でも配信授業が拡大する可能性があります。

いずれにせよ、過疎地の小規模校への遠隔授業導入は今後、各地に拡大し、高校教育の質や在り方自体を変質させることが懸念されます。他方、小・中学校の場合も含めて、小規模校に部分的に遠隔授業を取り入れてでも、とにかくまず地域に学校を存続させるという考え方もあります。文科省の「手引き」においても、小規模校を存続させる場合のデメリット緩和策として「ＩＣＴを活用し、他校との合同授業を継続的・計画的に実施する」「タブレットやＰＣ等を全員に整備し、他校と児童生徒との情報交換に活用する」が導入されています。受験対応で主要教科に遠隔授業が用いられる高校の場合と、切り分けて考える必要があるのかもしれません。

引用・参考文献

1　Lipman Pauline *High Stakes Education*, Routledge, 2003.

2　世取山洋介「都立高校の多様化の実態」渡辺治・進藤兵編『東京をどうするか――福祉と環境の都市構想』岩波書店、２０１１年。

3　進藤兵「東京都の新自由主義的教育改革とその背景」堀尾輝久・小島喜孝編『地域における新自由主義教育改革』エイデル研究所、２００５年。

4　篠原岳司、高嶋真之、大沼春子「都道府県立高等学校の学校設置者移管に関する研究―北海道奥尻高等学校を事例に」『北海道大学大学院教育学研究紀要第１３５号』、２０１９年。

5　道端剛樹「北海道の高校統廃合政策」第11回学校統廃合と小中一貫教育を考える全国交流集会、第１分科会における報告、２０２２年３月６日。

第3章

まちづくりにおける学校と小学校区の意味

中林　浩

ここで論ずるのは学校を中心とした生活圏の意味です。明治維新を経てまたたく間に世界の一等国になり、第二次大戦の敗戦国でありながら、１９６０年代には経済大国にもなりました。明治以降の富国強兵、戦後の高度成長の歴史を肯定的にみることには議論があるところですが、その活力の基盤にあったのが小学校から積み上がる学校教育だといっても過言ではないでしょう。その過程で小学校区という地域のまとまり、小単位の生活圏が形成されていきました。これが多面的な機能をもつ日本社会の基礎単位となりました。明治の後半になって市制・町村制が敷かれると、都市部でも農村部でも小学校区が存在感を増していきました。

1　日常生活圏をめぐる都市計画論

⑴　日本の美しい伝統――小学校と小学校区

二十世紀後半までの日本の社会と経済のもっとも深いところにあるのが小学校教育とそれと連動した小学校区であったことはたしかです。またその器となった校舎を通じての家族と住民のあり方は日本の美しい風物詩です。人口の流動が激しいのも日本社会ですので、そうばかりとはいえませんが、祖父母や親が見たのと同じ桜の満開を見ながら、小学校に入学するというようなことは、けっしてまれな例ではないでしょう。近年の小学校統廃合を推進する政策、公共施設を縮小しようとする政策は日本の伝統を切り崩すものだということを、まず強調しておきます。

隣組、町内、集落という、より小さい圏域もありますが、都市計画のもっとも重要な基礎となる地域の単位が日常生活圏である小学校区です。１８９０年ころ明治の合併でできた町村の多くは１つの小学校を有していました。複数の小学校を有する都市部においても小学校区は地域のまとまった単位であった歴史をもちます。

日常生活圏というのは、日々の買い物で利用する商店やかかりつけ医院があったり一通りの生活が完結する圏域をいいます。農林漁業従事者や自営の商工業者の生産の場でもあります。もっとも産業革命以降は鉄道による通勤が増えるので、数㎞から数十㎞の移動を毎日する生活も発生したのはいうまでもありません。小学校区は小学生の身体的能力からして必然的に徒歩圏であり、都市部ではこの日常生活圏の端から中心まで、長くとも徒歩30分ほどであり、そこには日常生活に必要な商店街もあります。

都市計画論で知られる西山夘三（１９１１〜１９９４）は小学校区ほどの圏域が結合して都市を構成することの意味を強調しています（**図３-１**）。「国土構成の一試論」（１９４６年）『地域空間論』でも生活圏のあり方への言及があります。小学校区のような小さな単位で大都市や国土が構成されるべきことを主張していました。「都市における居住地は小学校住区を構成し、一都市区はその数個ないし十数個の集団をもって構成される」として、大都市がのんべんだらりと肥大化することに警句を発しました。この60年も前の１９４０年代の論考がデルフト工科大学のカローラ・ハインさんによって、２０１７年に英訳して出版されました。彼女もその序文で西山が生活と仕事を関連

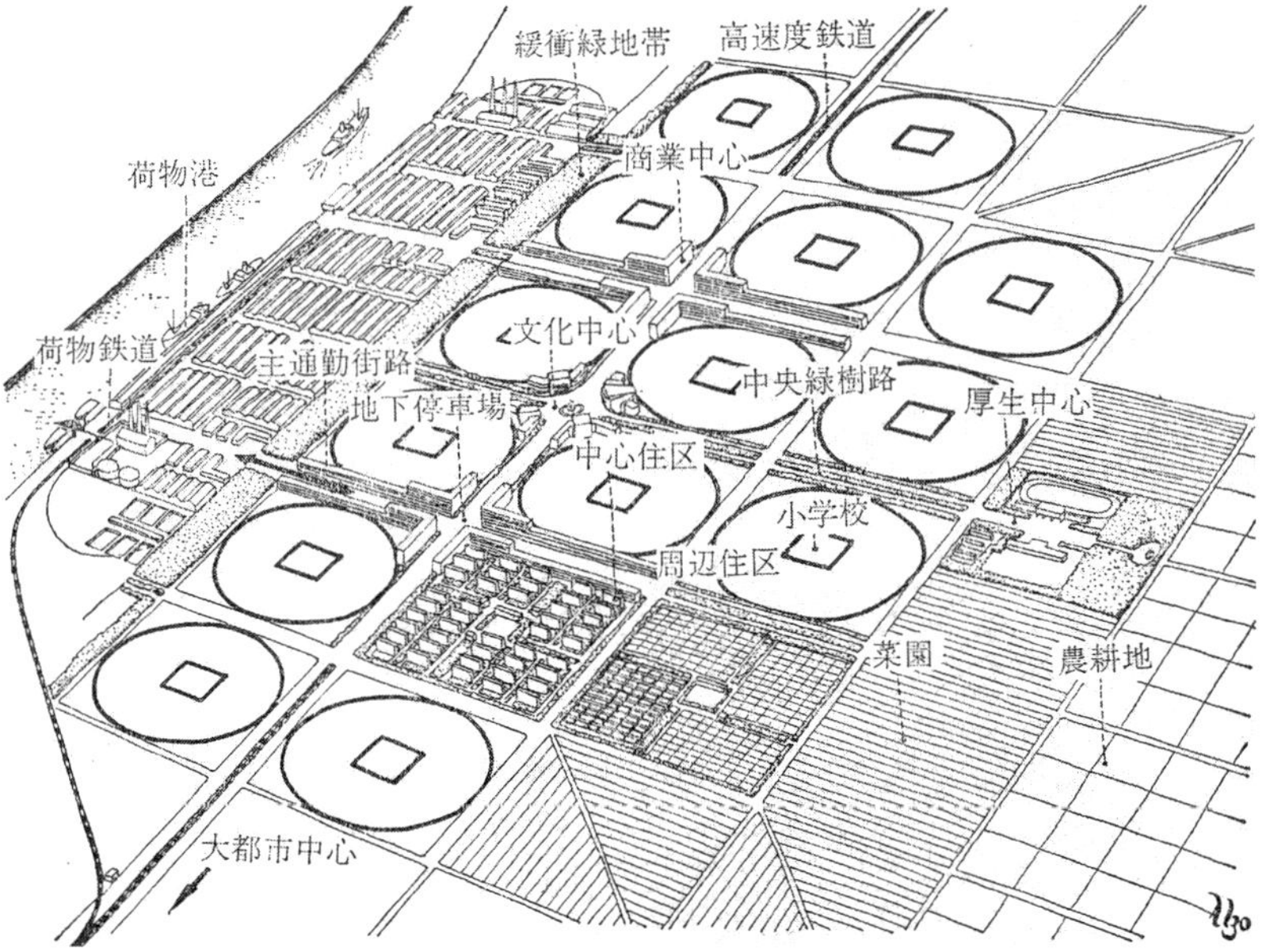

図３－１　西山夘三の単位単能工業都市の模型図

出所：西山夘三「国土構成の一試論」『地域空間論』より。

づけることに対して強い関心を持っていること、生活単位に必要な都市の構成要素を小学校や職場の周りに配置し、交通機関でそれぞれを繋ぐという発想に着目しています。こうした終戦直後の主張は多くの都市計画家に影響を与えたとしています。

世界の都市計画理論でも小学校区を重視すべきことは百年以上にわたって謳われているところです。欧米に比べて日本の小学校の児童数は多いのですが、日本の小学校区の人口は都市部で5000から2万、農村部で1000から5000です。日本の小学校区はその歴史からいっても堅固な圏域で、治安に苦しむ欧米の都市に比べるとき、いっそう誇るべき安定した圏域だということができます。

過疎農村と大都市中心部は1960年代から急速な小学校の統廃合が起こります。近年ではこれ以外の一般市街地でも小学校統廃合が相次いでいます。小学校は地域の諸行事の拠点なのですが、それが失われていきます。それでも小学校の廃校以後も地域の拠点となってきましたし、そうあるべきなのですが、跡地利用では地域住民のために有効に利用されているとは限りません。

(2) 日常生活圏三点セットの摩耗

NHKの人気番組「こころ旅」は火野正平が全国を自転車で廻る紀行番組です。視聴者の思い出の綴られた手紙に基づいて訪ねるのですが、思い出の中には小学校・商店街・駅や鉄道にまつわる話がたくさんでてきます。ところが、それらには廃校やシャッター商店街や廃駅・廃線がなんと多いことでしょう。たしかに廃墟の美というのもあって、その映像には感慨深いものがあります。筆者は小学校と商店街と鉄道・路線バスは日常生活圏を支える三点セットと呼んできましたが、それがことごとく衰退しているのです。初等教育・購買・公共交通はサステナブルな地域の必要条件です。かかりつけ医療機関を加えて四点セットといってもいいかもしれません。残念なことに、これらはすべて自治体政策のなかで大切にされていません。小学校は廃校になるところが増え、商店街はシャッター通りになり、鉄道は廃線になり続けてます。

日本の場合、小学校の規模は欧米に比べて大きいのですが、市街地の連担する都市部では、およそ人口1万人で小学校区が形成されます。20万都市であれば20ほどの小学校があります。小学校と商店街、教育と購買が歩いて暮らせる生活圏の基本であることをよく示している現象でしょう。例えば、ほとんどが都市部で占められる大阪府の豊中市は人口40万人で公立小学校が41、商店街が39あります。こうした数字は小学校でいくらか統廃合が進んだ数字になっていますし、商店街数も連合会に入っているかどうかとか、ショッピングセンターやデパートが入っているかどうかとかで違ってきますが、小学校やまとまった購買施設は数千人から1万人に1つ都市部にはあります。当然農地の多い中小都市、平地農村、山村では、1000人とか3000人に1つ必要だということになります。

日本の人口は2018年の1億2783万がピークですが、1990には1億2361万人、2000年には1億2693万人でした。つまり日本社会は人口を微増させながら、ここ30年間に小学校・商店街・鉄道を減らしてきたのです。2022年時点ではいまだピークから2%減らしただけですから、まるで人口減がこうした事態を引きおこしているようにみるのは間違いです。国土レベルでは東京や大阪などの大都市圏に、県レベルでは県都や中都市に人口が集中します。また、小都市でも縁辺部の人口が減少します。こうしたいびつな人口構成を誘発したのは、産業政策の問題が大きいでしょう。国土政策も呼応して都市でも農村でも住むのに必要な条件をどんどん減じていったのです。

⑶　近隣住区理論1924年

ここからいくつかの都市計画の大家の圏域論をみていきましょう。

百年も前の都市計画理論に「近隣住区理論」というのがあります。自然科学と違って、都市計画学においては「理論」とか「法則」と付くようなものはあまりありません。そういう意味からいっても、これは傑出した理念といっていいでしょう。1924年にクラレンス・ペリー（1872～1944）が提起しました。小学校を中心として日常生活に関わるいろいろな施設が完結すべきだとする考え方で、こんにちでも存在感があります。

ペリーはアメリカの社会運動・教育運動にかかわりましたが、近隣住区理論は計画的なニュータウン構想を念頭に考えられました。都市がどんどん広がっていくときに、匿名性のある地域が拡大していくのではなく、特定のまとまった単位をもってそれが組み合わされていく方がいいという考え方です。欧米社会の場合、都市のあり方を考えるときには、犯罪を少なくする、子どもが安全に生活できるということをつよく意識していますが、理論の根底にはこの点があります。

この近隣住区理論は、小学校が1つでそこに住戸を配置するというところから出発します。面積は160エーカー、つまり64ヘクタール、正方形だとすると800m四方を想定しています。図には半径400mの円も描かれています。形は問いませんが、縁からもだいたい同じ距離になるところにセンターを置くとしています。人口は5000から6000人、住民の数も小学校から出発しています。その住区の周囲を幹線道路で囲います。内部のそのほかの街路はあまり広くしません。通過交通を排除するためです。公園緑地を10％とります。地域の中心には小学校のほかの公共施設や教会を配置します。商店は周囲にある幹線道路の交差点付近に置きます。角の部分は教会になってもよいとしています。一番遠いところがセンターまで５００ｍくらいですから、子どもの足で歩いて10分くらいを想定しています（図３－２）。

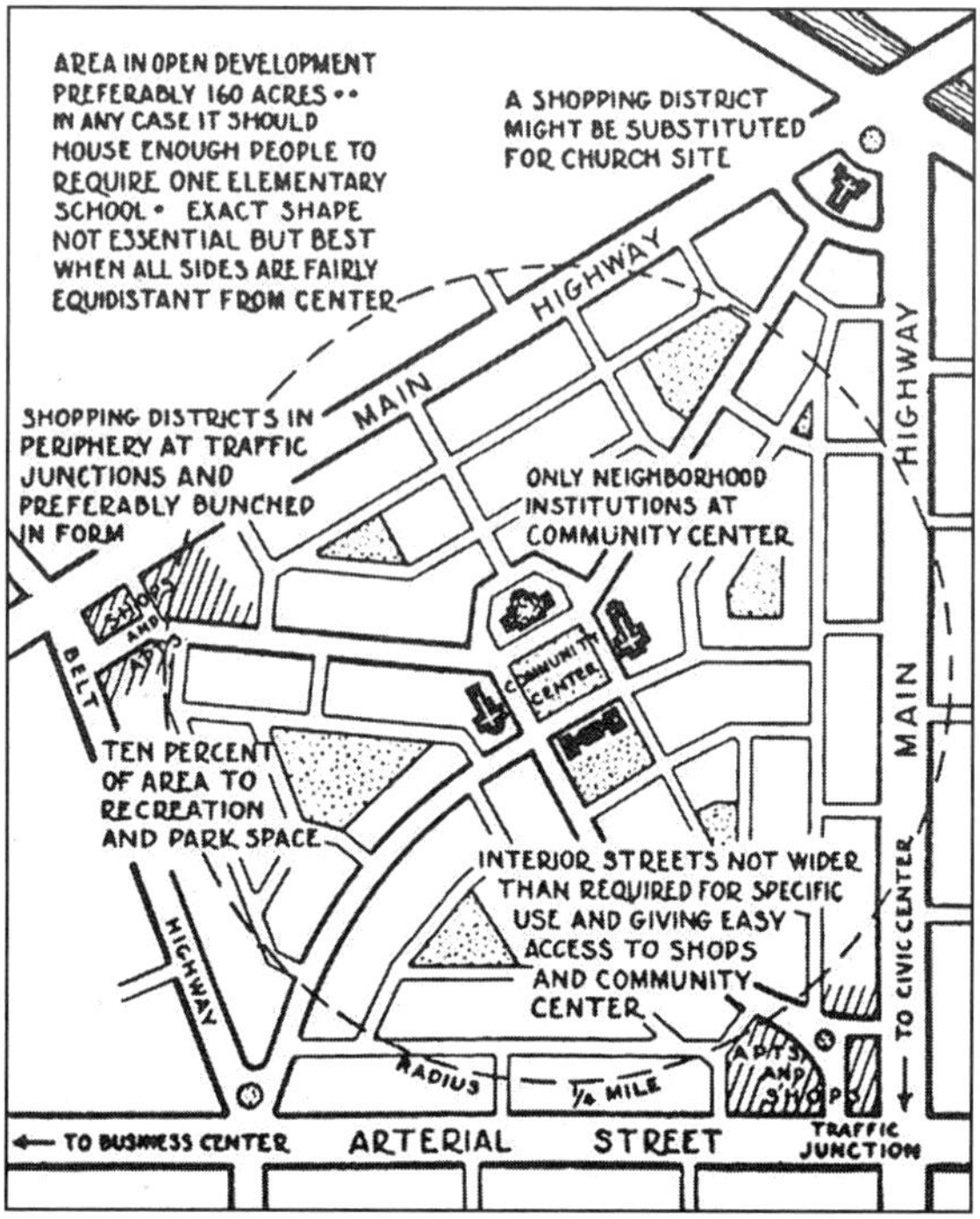

図３－２　ペリーの近隣住区理論

　このように小学校区はとても重要な計画単位であり、小学校自体のもつ地域の拠点としての意味も大きなものがあります。単純にいうと歩行を前提とした生活圏の計画単位だということがいえます。近隣住区理論は日本のニュータウン計画でもとりいれられました。日本で最初の本格的なニュータウン（以下、「ＮＴ」と略す）である、１９６１年から開発開始の大阪府北部の千里ＮＴもこの理論に基づき、居住地が構成されました。計画人口15万人11小学校区が想定されていました。中学校は６校です。一小学校区の人口が１万人をやや超えた数値で設定されていました。実際には人口は約13万人がピークでした。現在は10万人前後で推移しています。

高蔵寺ＮＴ（１９６１年）では計画人口８万７０００人、16小学校、６中学校、そして多摩ＮＴ（１９６２年）では計画人口30万人、46小学校、23中学校という計画になっていました。これらでは千里ＮＴよりも一小学校区の人口は小さく設定されています。いずれも２小学校で１中学校という設定になっています。現在、これら初期のニュータウンは高齢化が進んでいますので、人口の減少以上に小学生数は減っています。商業施設のあり方も問題となっています。近い将来、人口減少が本格化するとニュータウンの小学校統廃合や購買施設問題は大問題となりそうです。

ちなみにイギリスの最後のニュータウンといわれる、ミルトンキーンズＮＴ（１９６７年）では計画人口25万人、94小学校、51中学校です。一小学校あたり３０００人ほどの人口を想定しています。

⑷　学校・子どもの安全・混合土地利用

ジャーナリストのジェイン・ジェイコブズ（１９１６～２００６）『アメリカ大都市の死と生』（原著、１９６１年）はパラダイム転換を起こした著作です。

アメリカの都市計画のあり方に対して都市のダイナミズムを重視しました。ここでも犯罪を防止する観点が貫かれています。最大の特徴は混合地域の必要性を説いていることです。１つの地域を住宅地やオフィス街などと単一の用途に限定させず、２つ以上の機能を持つことを主張しています。近代都市計画の単調なゾーニング（地域分け）に対する批判です。そして、古い建物の必要性の主張です。新しい建物ばかりでは、儲けの多い事業しか存在できなくなり、再開発により一気に街が更新されてしまうことへの批判です。古い建物も残した多様な都市にして、高い人口密度で、子ども、高齢者、企業家、学生、芸術家など多様な人々がコンパクトに生活すべきことを説きました。地域のあり方を示す貴重な思想の表現です。ニューヨークを念頭に理論を展開した本です。

クリストファー・アレグザンダー（1936〜2022）の1977年に出した『パタン・ランゲージ』（原著1977年）は、望ましい都市・建築・細部のあり方を253のキーワードで、わかりやすく表現した名著です。これらのキーワード（パタン）を組み合わせることにより、よい都市やよい建築をデザインするという考え方です。

この本にも住民による地域運営、子どもの安全と成長という観点がつよく貫かれています。地域全体が子どもの成長を図る必要を説いています。「子供の家」「つながった遊び場」「学習のネットワーク」「店先学校」「都市の子供」というようなキーワードがあります。特徴的なのは「両親以外の大人や他の子供への接近手段」が必要だといいます。つまり地域が重要な教育の場だといっています。

生活圏の規模についてのキーワードもあり「七〇〇〇人のコミュニティ」という概念を提示しています。この数字も小学校区を想起させるものです。地域で直接の自治を行うにはこの程度の人口が適当だというのです。優れた都市のあり方をうまくいいあてています。なぜかというと、人びとが議論し行政機関と直接の関係が得られるのは5000人から1万人という規模までだと考えているからです。それを「七〇〇〇人」といっています。1万人を超えるコミュニティでは「個人の声はまったく反映されない」といいます。

(5) イギリスのアーバン・ルネサンス

欧米ではこうした理論はどれだけ浸透したのでしょうか。

1960年代には日本・西ドイツ・イタリアといった第二次大戦の敗戦国が経済成長するのとは対照的にイギリスなどで都市衰退といった現象がめだってきました。「イギリス病」ともいわれます。都市には廃棄された工場・倉庫群などがめだち、失業者が多く治安の悪い状態の都市が増えました。1990年ころからの都市再生・地域再生の官民の運動が起こります。社会的排除を撲滅することが政府の政策の根幹に据えられます。1997年からの労働党ブレア政権のもと、EUが推奨するサステナブルな開発のあり方と呼応して大きな成果をあげ、社会と経済の秩序を回復しました。

教育の重視もこの中で謳われていましたが、都市計画分野ではアーバンルネサンスという運動があり、小学校を中心とする都市像を描いています。小学校と教会や商店街は中心部に近いところに配置し、商店の混じる混合土地利用で人口密度を高くし、周辺は住宅地とするというものです。パブなどは各地に配置する、大きな緑地を1つもち、小さい緑地を多数配置する、運河沿いなどで緑地がつながっている、他の地区とはトラムなどでつながるという都市像です。

イギリス社会では日本ほど小学校区が日常生活の中に根付いてきたわけではありません。小学校の選択制も一般的です。筆者は2000年にイギリスのバーミンガム市のラドルバーン小学校の実

写真３－１　バーミンガムの小学校

注：（左）登校時のラドルバーン小学校の中庭。（右）隣の公園での運動会。

情を知る機会がありました。このときのバーミンガム市はイギリスがイギリス病を克服しようとするなか、都市再生の成果が出始めたころであり、バーミンガムはその模範例ともいわれていました。

１９７０年代からの都市衰退では、地域が自ら問題を解決する力を失ってしまっており、その中で学校崩壊といっていいような現象も起こりました。小学校の運営に責任をもつ組織を作り競わせるようなことをしていました。ラドルバーン小学校は人口百万人の大都市の中心部からバスで20分くらいのところにあります。バーミンガム大学の南側に位置します。

５歳の９月から一年生が始まり、各学年は20人ほどの２クラスずつです。イギリスの小学校にはプールはないのが普通です。運動場も日本のように広いものはなく、運動会も隣の芝生の公園でやっていました。１ヘクタールほどの公園は小学校の隣に限らずいたるところにあるのがイギリスの都市部です（写真３－１）。西アジア・南アジアからの移民も多く、保護者のための英語教室も小学校で開かれていました。安全のため低学年の生徒の通学には保護者が付き添わねばなりません。ペリッシュという地域単位の強固なところは別として日本のように小学校区というような住民のつながりは希薄です。地域を再生する動きのなかでは、小学校をきちんと運営するのを徹底するという試みは成功してきたように見えます。道路では黄色い安全反射ベストを着たボランティア組織の人たちが、子どもらに朝の挨拶をしていました。地域に子どもを見守る眼があるという点が重要だったのです。ブレア政権では社会的排除（ソーシャル・イクスクルージョン）を克服することが最重視の国策でした。住民が政策の実践に参加することが社会の秩序をもたらすという方策です。英語のしゃべれない人の社会参加を促すことも意識的な政策となっていました。

2　京都の小学校区の歴史

(1)　京都の番組小学校

明治期に小学校はくまなく日本中に設置されました。明治維新直後に全国に小学校が建設され文盲がまたたく間に減っていったのは江戸時代に学問を普及する条件が熟していたからです。述べてきたように明治から戦後まで主要都市をのぞく日本の国土の半分以上を占める地域で一村一小学校の時代は長く続きました。

大都市部ではどうでしょうか。京都市の例をみてみましょう。まだ日本政府が学制を敷く前１８６９年、京都市域は上京に33の小行政組織である番組、下京に33の番組、合計66に再編され、１つの番組に対して自治会所機能をもつ小学校が1つ作られることになり、2つの番組で一小学校というところが2つあり、結果的には64の小学校が建設されました。幕末の混乱から間もない1868年から番組を編成し小学校を設置し始めます。江戸時代の京都には伊藤仁斎の古義堂や石田梅岩の心学講舎などがあり、教育の盛んであったことが好条件でした。番組小学校を通じて寺小屋教育の近代化を図ったのでした。

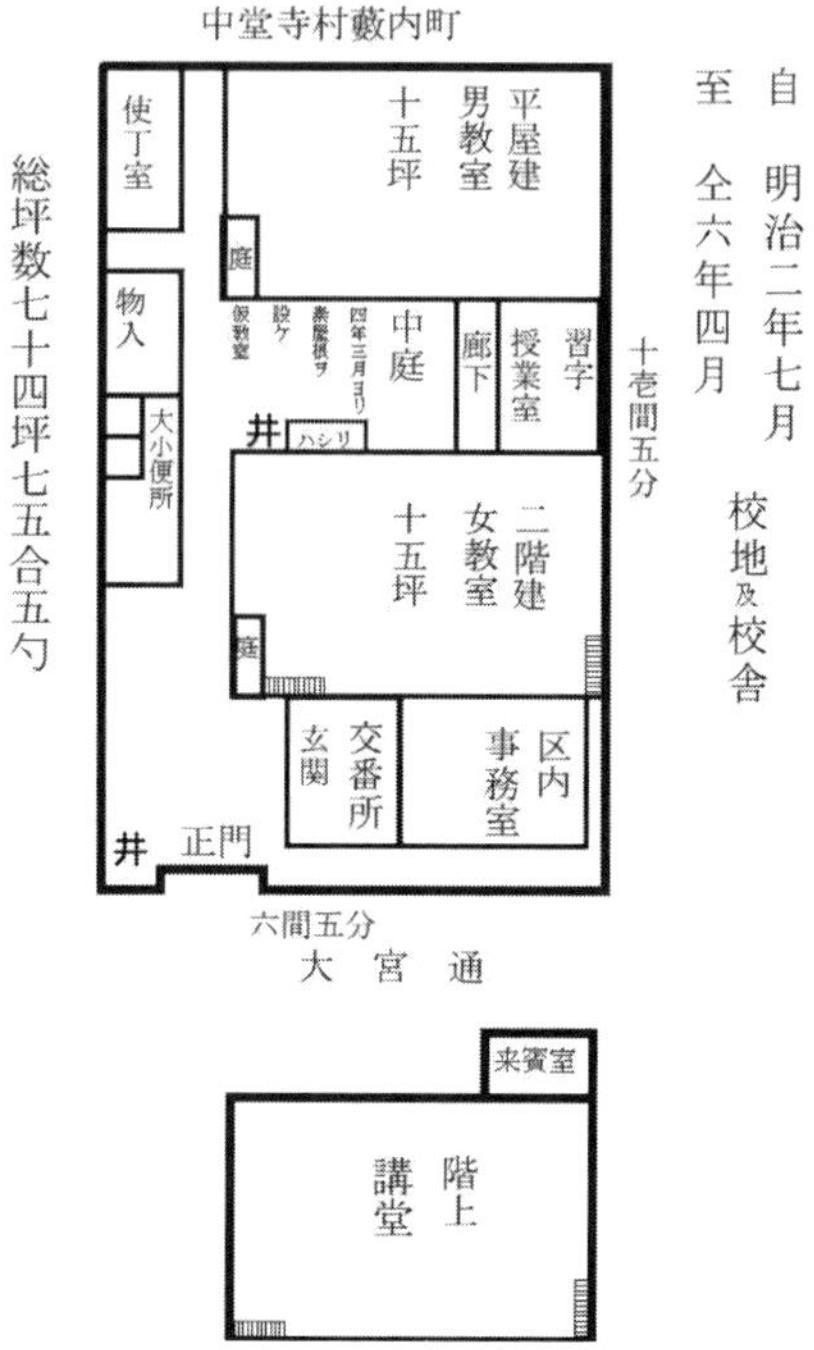

図3－3　創立当時の淳風小学校の間取り

出所：京都市学校歴史博物館『図録番組小学校の軌跡』の写真より作図。

番組は行政の単位でもあったので、番組小学校は行政施設でもありました（図3－3）。学区市税の徴収を行い、小学校の修繕経費・教員給与に当てていました。また消防・警察・ごみ処理などの機能さえもっていました。現在でも学区の自治会集会所と消防団の事務所が小学校に隣接しているところにその名残があります。

京都の番組小学校の教育の特色としてあげられるのは、江戸時代に京都を中心に日本画が発達したことを反映し、日本画につながる美術教育をしていたことです。これは友禅業や西陣織が都心の基幹産業となっていたこととも関連します。

また、石田梅岩（1685～1744）の石田心学が大きな影響を与えていることも特筆すべきでしょう。梅岩は丹波の現在の京都府亀岡市のあたりで生まれ、京都市内の商家で働きながら独自の哲学を樹立しました。商業は交換の仲介業であり、その重要性は士農工に劣るものではないという思想を広め、商人たちに人気を博しました。その思想が受け継がれているため、子どもだけでなく地域の大人の学習の場ともなっていました。開かれた小学校をみちびく思想的背景がここにあるともいわれています。

辻本雅史は『江戸の学びと思想家たち』で石田心学の意義を説明しています。一八世紀には学術書による勉学がある程度発達していたが、石田心学は耳学問を重視していたといいます。門弟の手島堵庵（1718～1786）による普及活動でも「討論や話し合いが中心であった」といいます。生活に追われる農民や町人に浸透していきました。松平定信による寛政の改革でも石田心学は推奨されていきます。その発祥の地であることが、京都市域で行政も推し進め住民も支持して全国に先がけて番組小学校が成立していく基盤になりました。

(2) 水準の高い明治の小学校建築

京都の小学校に名建築が多いことに驚きます。首都が東京に移ったとはいえ、京都市内の産業の発展はめざましいものがあり、江戸時代までの経済的遺産を受け継ぎ、商工業が発達しました。その財力を使い、番組小学校では粋を凝らした名建築が次つぎに建てられていきました。住民自治の力の反映でもあります。

校舎の一部が残るところは待賢・龍池・京極・銅駝・乾・明倫・生祥・立誠・開智・淳風・清水の各小学校です。このうち京極小学校を除いては統廃合に巻き込まれています。

その遺構を見ることができるところもあります。明倫小学校は京都芸術センターになり建築はよく保存されています。龍池小学校は京都国際マンガミュージアムになっています。開智小学校は京都市学校歴史博物館になっています。立誠小学校もホテルの入り口となって、その意匠を鑑賞することができます。遺構が残ったのには少なからず小学校統廃合を止めようとする運動も貢献したものと考えられます。移築されて有済小学校の望火楼は現存します（**写真3－2**）。

移転されて遠地で活躍している建築もあります。永養寺には元開智小学校の古い講堂があります。また、真如堂には元竹間小学校の古い講堂と玄関が移築されています。遠く鎌倉の建長寺には嘉楽小学校の門と講堂があります。

明治になって2年目に数十の小学校を整備したというのは京都の偉業ではありますが、ただ、小学校を地域の中心に据え教育に地域の将来を託そうとする動きは日本中にありました。京都における番組小学校の例は必要以上に特異だとみる必要はありません。江戸や大坂だけでなく、他の都市でも農山漁村でも小学校を中心とする地域づくりはそれぞれ伝統をもっているからです。内戦のほとんどなかった江戸時代が各地の庶民にも教育を重視する気風を育みました。明治になって１８７

写真3−2　番組小学校のなごり

注：（左上）元待賢小学校の建築はインターナショナルスタイルだともいわれている。（右上）元明倫小学校は京都芸術センターとなっている。（左下）乾隆小学校には現在でも自治会館や消防分団が隣接する。（右下）元有隣小学校の望火楼、鉄筋コンクリートの建物に移築されている。

2年に学制がしかれると、近代的学校制度は一挙に花開きました。江戸時代にすでに識字率はヨーロッパ諸国をしのぐものであり、寺子屋が発達し農民・商工業従事者の知的水準を高めていました。もちろん、学制にしても町村制にしても基本的には中央集権的な国家づくりの一環ではあります。同時に教育水準の向上や小地域単位で生産や生活を整備するしくみの醸成も起こります。

　日本の特徴として江戸だけでなく各地で学問が発達したことがあげられます。その反映としていくつもの名学校建築が各地に現存します。江戸時代には地域で建設技術が発達し、教育こそ地域の発展の要であることを民衆が認識していたことを示しています。小学校の名建築はその記憶をとどめるものとして貴重です。

全国で名高いのが、地元の大工、立石清重により設計された擬洋風建築、1876年に建てられた長野県にある開智学校です。1888年からは松本市の小学校となります。破格の建設費がかかりましたが7割を住民の寄付でまかなったといいます。東京の近代建築をつぶさに観察し、イス座式の授業のあり方の先駆ともなりました。2019年には国宝になっています。

日本政府は1895年に小学校建築のガイドラインを作成します。夏の蒸し暑い気候を考慮し、中廊下型を廃し片廊下型で廊下と教室の間にも窓があるようにしました。日本中の小学校で見られる様式が定着していきます。採光には特別の配慮がなされました。右利きが多いということから生徒の左側から太陽光線が来るように、窓側が南、または南東・南西を向くこともガイドラインにあります。

新しいものでは、1958年にできた愛媛県八幡浜市の日土小学校の校舎は建築家松村正恒が設計しました。モダニズム建築を木構造により実現した極めて稀なものです。きわめて斬新で教室の両側が戸外に面する明るい空間を作りました。

(3) 京都都心居住地での小学校統廃合

1960年代から70年代にかけては農村部では過疎化が進行し、複式学級になったり複々式学級になったり、分校が廃止されたりしつつ、小学校の統廃合が急速に進みました。中小都市や農村部で明治終盤に市町村制が始まったときに町村となり、昭和の大合併まで続いた町村をここでは「旧村」と呼んでおきます。一町村に一小学校だったところが一般的でした。昭和の大合併を経て、旧村は小学校区となりました。１８９０年ころから60年間ほどの行政単位であった圏域が、その後も小学校区として20年、場合によっては今日まで存続してきました。

高度成長期に起こった人口流動は、広大な農村部を過疎にしました。また同時に大都市中心部でも人口を減少させ、この両極の地域、過疎農村と大都市中心部で小学校はつぎつぎに消滅していきました。高度成長期には、東京区部・大阪市・名古屋市などの業務地域化した都心やターミナル駅周辺にあった小学校は問題にされることもなく失われていきました。

京都市の人口流動は大都市の中では例外的で、中心部に西陣織や友禅染の工業生産機能を有し、人口密度が高かったため、都心部の小学校の多くは存続してきました。番組小学校を実現させてきた地域の自治力も関係しています。京都市域の都心の統廃合が社会問題となるのは１９９０年代です。述べてきたように番組小学校が64校できあがっていました。その範囲はこんにちでも「元学区」と呼ばれ町内をたばねる自治連合会を構成しています。

高度成長期・オイルショック・バブル経済期を経て、京都の都心の伝統工業は一挙に衰退し始めます。土地利用規制が弱かったため高層マンションが林立しつつ、人口も急減し始めます。

いずれも中京区の番組小学校であった本能・明倫小学校が統合し高倉西小学校になり、日彰・生祥・立誠小学校が統合し高倉東小学校となったあと、両校が１９９５年に高倉小学校に統合しました。

１９９2年に下京区では　格致・豊園・開智・修徳・有隣小学校が統合し洛央小学校になりました。都心区の小学校が激減しました。京都市当局は小規模校では児童の学力・競争力が上がらないということを宣伝しました。一学年が十人というような規模のところではＰＴＡでも賛成意見が多くなります。またこれは小学校区単位で構成される自治連合会の賛成も取りつけます。自治連合会は上意下達の組織としての性格をもちがちなところが問題です。住民・保護者・教職員のあいだでも反対の意見がありましたが、運動を展開しにくい状況がつくりだされました。教員数を減少し施設・設備の省略を図るというのが小学校統廃合の行政側のねらいの中心ですが、教職員組合の弱体化や地域の分断をもたらすことの効果さえねらっているかのように進みました。

低層高密で工業や商業がほどよく混ざった京都の都心居住地をくずしていったのは、都市計画の失敗です。高層建築が許されているのでオフィスや駐車場も増え、また投機用のマンションやワンルームマンションが増え、人口密度を下げる土地利用が進んでいきました。２０００年ころまでの高層化は人口を激減させながら進んでいきました。いまのところ京都市では「元学区」と呼ばれる旧小学校区は自治連合会の単位として維持され、「小地域」と称され統計区としても残っています。30年ほど前の統計をみると、都心の元学区で就業する住民の3割もが製造業に従事していたことがわかります。都心に根付く伝統工業の衰退とともに、高層ビルや駐車場が景観を乱し、小学校も消滅してきた歴史を物語っています。

文明評論の大家として知られるルイス・マンフォード（1895〜1990）は『都市の文化』で「生徒と学校が共同的援助によって新しい共同体の本質的核になる」といっています。目指すべき新しい都市での近隣区は「その広さは、子供の活動の大部分が集中する運動場と学校ともっとも遠い家のあいだを子供が楽に歩ける距離によって決められる」とします。彼のいう近隣区には洗濯屋・パン屋・木工場・衣服工場などの工業もあって、子どもが社会の縮図を見られるようにすることが重要だといいます。近隣区じたいが子どもにとっての学校となっていることを強調します。工業機能のある都心が小学校や住民自治を支えるという考え方は京都市域によく当てはまっていました。

⑷ 御所南小学校・御池中学校の怪、そして御所東小学校

かつて人口密度の高かった大都市の都心居住地では、高度成長期に商業ビルやオフィスの高層建築が増えてきました。都心業務地域（ＣＢＤ）化といいます。

京都の都心居住地では高層建築が増えれば増えるほど人口が減ってきました。土地利用が荒れ、高層建築の周囲に空き地や駐車場が増えるからです。２０００年ころになると、新しくできるマンションも大規模になりファミリーマンションが増え、都心回帰現象もあり、やや人口が回復しました。合併した小学校が手狭になるというような皮肉なことも起こってきます。

写真3－3　御池中学校

注：高倉小学校・御所南小学校・御所東小学校の６年生もここに通う。PFI 方式で建てられた校舎には１階に飲食店が入っている。

人口減少のいちじるしかった中京区東部にある御所南小学校は、１９９３年に統廃合で開校しました。先端的な教育を行うことをうたい文句にしていて、ＮＨＫがとりあげました。不動産屋も「学力全国一」と宣伝し、マンションを販売しました。１９９５年開校当時６００人ほどであった児童数が、１２００人を超えてしまいました。もともと狭いグランドにプレハブの校舎が建ちました。研究授業などが多く現場の教員には過重労働で病気になったりするような問題も発生していました。

同じく中京区東部の御池中学校は２００３年に柳池中学校と城巽中学校を統合し開校しました。校舎はＰＦＩ方式で民間活力を利用して建設されました。１階には飲食店が入るという奇妙な校舎ができました。しかも２００７年京都市小中一貫教育特区が認定され御所南小学校と高倉小学校の６年生だけを通わせることになりました。人口減少のひどかった都心にマンションが林立し部分的な人口増をもたらし小学校が手狭になり、６年生だけが御池中学校の教室を間借りすることになったのです（**写真３－３**）。これらの学校には多額の予算がつぎ込まれていますが、京都市内の他の小中学校では、施設・設備の老朽化が問題になってきましたが、なかなか改善されません。

御所南小学校の生徒数が多すぎることになり、１９９５年廃校になっていた旧春日小学校跡に御所東小学校が２０１８年に開校しました。廃校跡に小学校が復活したのはめずらしく、また喜ばしい事例かもしれません。ただ、どういうことなのか考えてみましょう。京都の低層住宅で構成される都心居住地に高層ビルが乱立し人口が減少しました。すくなからぬ反対があるなか、もともとの5校を統合し、その後人口の都心回帰が起こり、また建物高さ制限は15ｍになりました。御所南小学校は手狭になり、６年生だけを御池中学に通わせます。それでも間に合わず、廃校跡に御所東小学校を新設するに至ったのです。都市計画政策と教育政策の迷走を物語っています。

3　新たな小学校区こわし

⑴　第二弾の小学校統廃合

第二弾の統廃合は２０１０年代に入って起こりました。東山区も都心区の東部にあり、有数の観光地をかかえますが、京都市内ではもっとも人口が減っているところです。７つの小学校と２つの中学校で東山開睛館小中学校、３つの小学校と１つの小学校で東山泉小中学校ができました。もともと区に13あった小学校はたった2つになってしまいました。施設一体型の小中一貫校です。東山開睛館は69億円もの巨費を投じましたが、地下2階に体育館があったり、運動場が狭く大きな樹木が校庭にはなかったり空間的な問題があります。農村部の統廃合ほどの距離がないとはいえ、通学では自動車交通量の大きい道をなんども横切らなければなりません。スクールバスがあるわけではなく市バス通学する児童もあります。放課後小学校校舎で遊んだり道草をする小学生の姿が消えてしまいました。調査をした大阪市立大学の小伊藤亜希子さんは「バスでしか行けない小学校のグランドは遊び場の選択肢の一つにはならない」としています。

東山区の貞教小学校跡は大学になりました。運動場や体育館の利用について地元との当初の約束が反故にされるという問題も生じています。廃校跡の校舎利用は市の教育委員会から資産管理部門に移ることが、統廃合時に交渉で決められたことが守られない要因となっています。

1990年代に統廃合が相次いだ下京区で、新たに2010年、六条院小学校・植柳小学校・崇仁小学校が統合し、下京渉成小学校になり、醒泉小学校と淳風小学校が統合して下京雅小学校になりました。都心4区以外の地域でも統廃合が進んでしまいました。2013年左京区で新洞小学校が錦林小学校に、2019年北区で楽只小学校が紫野小学校に統合しました。2019年には向島秀蓮小中学校が開校、伏見区の向島南小学校・向島二の丸小学校・二の丸北小学校・向島中学校が統合し、小中一貫校になりました。

南は都心工業地の西陣に面しますが、郊外としての性格ももつ北区でも統廃合の動きが出ています。貴重な運動の経験があります。元町小学校のPTAでは「統合に向かう」という決議があげられました。これを受けて、「北区の教育とまちづくりを考える会」では288世帯からアンケートをとりました。統合に賛成22%、統合に反対45%、どちらともいえない30%という結果を得ています。

会は十分な討議が行われるように　また若者が住みたいと思い、安心して子育てができるまちづくりが進むようにと運動しています。ビラの全戸配布を繰り返し、問題点を住民が共有しました。いち早い運動が実を結び、統廃合の動きは止まっています。

(2)　ホテルになる小学校跡

学校跡地がどうなるのかという課題もあります。1990年代の統廃合では福祉施設になったり、旧明倫小学校跡は京都芸術センターになり、旧龍池小学校は京都国際マンガミュージアムになり、当然のように地元利用や公共的な利用の施設になりました。ところが、おどろくべきことに、近年の京都市は公共施設管理計画のもと、ホテルに転用するのが5例もでています。地元中心の利用ができない施設になろうとしています。

立誠小学校跡はザ・ゲートホテル京都高瀬川になっています（**写真3－4**）。ここは京都でも有数の繁華街木屋町にあり高瀬川沿い四条通を北に行ったところにあります。正面玄関のあたりを保存し当時使われた和室なども保存されています。1階には小学校に伝わってきた古いピアノが置かれるロビーがあり、図書室もあります。京都でも一等地の繁華街での高瀬川沿いの人工芝は開放的であり、観光客や京都の他地域の住民からは評判がいいかもしれません。この事業には賛否両論がありますが、事業者と立誠自治連合会との協議を重ねた成果でもあります。この程度の地元利用では地元に貢献したとはとてもいいがたいのですが、宿泊客以外が入りがたい清水小学校跡のホテルな

写真3－4　立誠小学校跡

注：（上）保存されている正面玄関。（中）高瀬川沿いの人工芝の広場。（下）図書室。

どに比べるとずいぶんホテルの形態がちがいます。まちづくり運動に長年取り組んでいる中島晃弁護士は立誠小跡では「地域住民にとってプラスの側面もある」が、清水小跡、白川小跡、植柳小跡のホテル計画はこのような利点がなく、「学校跡地がホテル用地に特化していけば地域住民の共同財産としての実態は失われる。そうあれば明治の初めに地域住民が作りあげた番組小学校の総有関係は解体するほかない」といいます。

これも番組小学校だった植柳小学校は京都駅の北1km、西本願寺と東本願寺の間にあります。近年は簡易宿泊施設が急増した地域です。安田不動産が市のプロポーザルに基づき、跡地全面にタイの高級ホテル「デシュタニ」を誘致しました。大屋峻さんらは「元植柳小学校の跡地利用を考える会」を結成しました。当初跡地南側の植松児童公園地下に体育館を移設する案があり、完全埋設の地下体育館は自然災害の際の避難所としてありえないと抗議し、撤回させました。小学校跡の4700㎡の敷地は集会や運動会に利用され、また避難所に指定されていました。現在ではホテルに接してできる自治会の施設の費用負担をめぐり運動中です。

東山区の新道小学校跡地活用において、京都市の「募集要項」にはなんとも奇妙な表現がありま す。留意点として「オフィスやスタートアップ拠点での活用を中心に考えています」としているのですが、困難な場合には「地域文化の継承や活性化に貢献する宿泊施設に限り、提案を可能とします」とあるのです。「スタートアップ拠点」というのなら、資金はないけど意欲的な起業者を地元の選考によって入居をさせるなどすべきです。地元とむすびついた創造的な活動を促すのであれば地域を活気づけます。結局そうはしないといっていましたが、ホテルにすることに決まりました。

ホテルになるケースでは教育委員から、市の資産管理部門、土地所有会社・デベロッパー、ホテル運用会社へと地元利用の交渉をする相手が変わっていきます。しかもホテル経営は不安定な業界で経営者が変わることもまれではありません。ホテルが開業した、あるいは計画されている5つの小学校跡はすべて番組小学校でした。都心部にあるため狙われたのです（図3－4、表3－1）。

小学校統廃合・小中一貫校化の波は人口減少が著しくなった郊外におよび始めました。2022年3月には伏見区の小栗栖小学校と西京区の福西小学校とが廃校になりました。

西京区では2022年度は1次統合として福西小学校の児童が竹の里小学校に2年間通学をしま

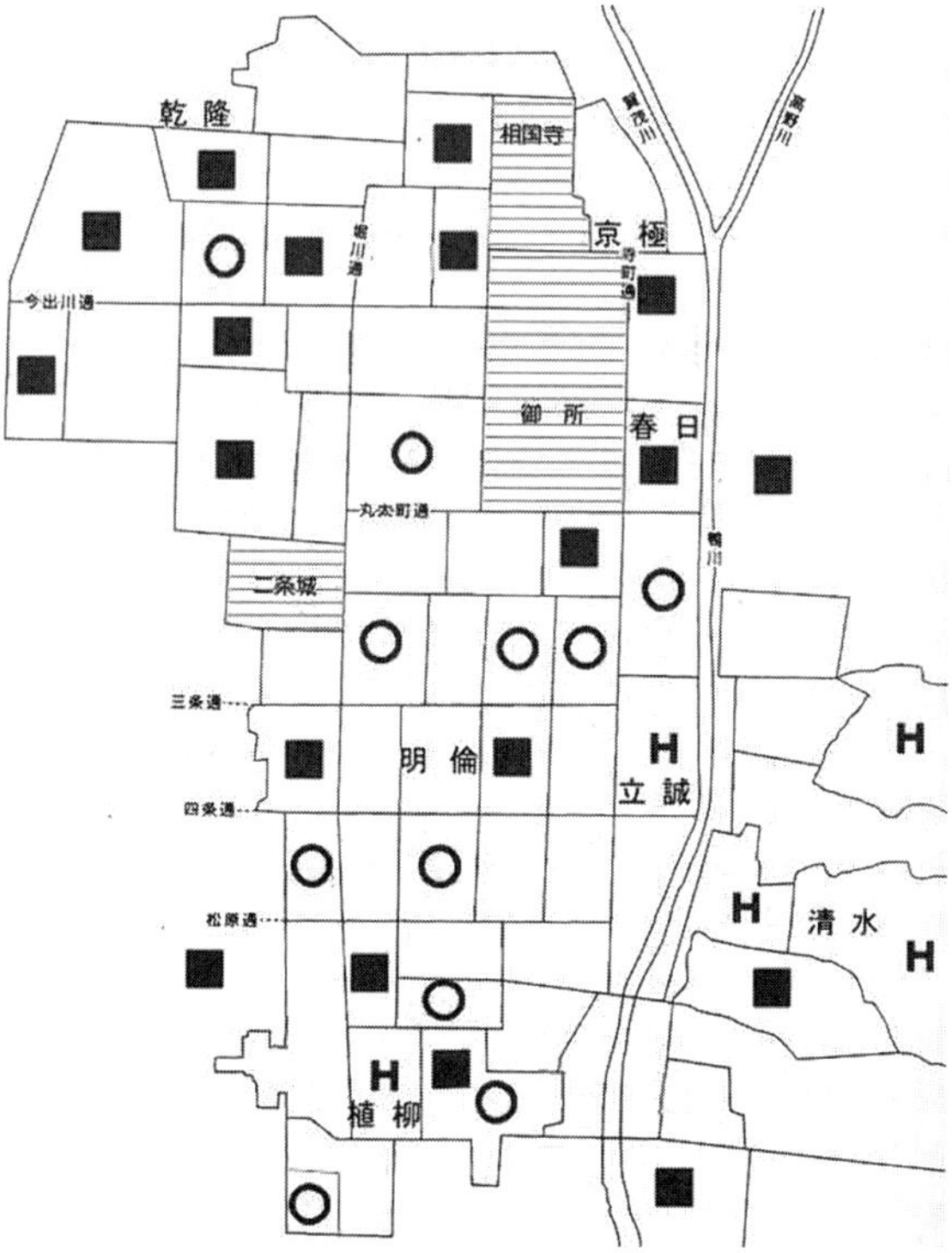

図３－４　番組小学校の区割と現在の小学校の位置

注：○ 1947 年ころ小学校を中学校にした元学区（現在の中学校ではない）。■ 現在、小学校のあるところ。H 小学校跡にホテルが建設されたか計画されているところ。
　明治期にできた 64 の番組小学校の区画をしめす。第二次大戦後中学校になったところは隣の区画の小学校区が組み込まれた。その後の統廃合で数を減らし、うち５つの学校跡はホテルになる。

出所：筆者作成。

す。福西小学校は小中一貫教育校建設のため2年間閉校します。２０２５年の4月から本格的に竹の里小学校の児童が小中一貫教育校に通学します。竹の里小学校は廃校となります。統廃合を進めた「西陵中学校区小中一貫教育校創設準備会」は、住民の意見や疑問に耳を傾ける姿勢はありません。説明会では多様な意見や疑問が出ましたが、十分な議論がなされませんでした。地元では児童の通学路の安全を図り、竹の里小学校跡を地域のための施設にする運動が続けられています。

表3－1　典型的な元学区の比較

元学区	現在の行政区 番組小学区名	人口(人) 1970年 →2020年	面積 2020年 人口密度	ピーク時の児童数 1970年の児童数・廃校時の児童数（あるいは現在の児童数）	廃校後の校舎	元学区の位置
立誠	中京区 下京第六番組	3504 → 655	25ha 26人/ha	840　1951年　ピーク 263　1970年 51　1992年　廃校時	ホテル開業 玄関・和室などを保存 １階は図書室や飲食店 人工芝の庭が開放されている	都心繁華街 高瀬川沿い
明倫	中京区 下京第三番組	2937 →3251	22ha 147人/ha	805　1951年　ピーク 321　1970年 102　1992年　廃校時	京都芸術センター 校舎はほとんど保存	都心の繊維問屋街
植柳	下京区 下京第十九番組	6041 →2679	34ha 79人/ha	1197　1956年　ピーク 513　1970年 84　2009年　廃校時	ホテル建設中 建築は撤去 外部からの開放性はない	都心居住地西本願寺の西
清水	東山区 下京第二十七番組	6025 →2805	95ha 30人/ha	1043　1955年　ピーク 484　1970年 106　2010年　廃校時	ホテル開業 一部建築を保存 外部からの開放性はない	東山山麓の観光地
春日	上京区 上京三重番組	3504 →2779	26ha 107人/ha	956　1992年　ピーク 200　1970年 85　2014年　廃校時	いったん廃校になり御所南小学校となるも、その後御所東小学校が置かれる	京都御苑の南東
京極	上京区 上京第二十八・二十九番組合併	7689 →5645	58ha 101人/ha	1013　1955年　ピーク 445　1970年 165　2021年現在	統廃合にまきこまれていない	京都御苑の北と東
乾隆	上京区 上京第一番組	5223 →2916	22ha 132人/ha	1213　1958年　ピーク 599　1970年 169　2021年現在	統廃合にまきこまれていない	西陣織の産地

注：この６つの番組小学校の位置は図３－４に示した。
出所：筆者作成。

(3) 元学区の意味するもの

64あった番組小学校のうち統廃合にかかわっていない、つまり小学校区に変更のないのは上京区の東北端にある京極小学校と、上京区の西北端にある正親・翔鸞・乾隆小学校です。都心4区の中でも業務地域化にあまり巻き込まれずにきた4学区といえます。オフィスや高層マンションに土地利用をあまり乱されずきた地域といっていいでしょう。学年一クラスで児童数は約20で推移していま す。京極小学校区で特徴的なことがあります。小学校区単位で少年補導という取り組みがありますが、ここには少年補導学生班というのがあって、学区の高校生や大学生で構成されます。地蔵盆のときに町内の子どもたちに紙芝居を見せたり、学区の子どもを集めてキャンプも催します。子どもたちに「ショーホ」といわれ親しまれています（**写真3－5**）。路上で大学生・高校生と小学生があいさつを交わすというような光景を目にすることができます。

狭い方の日常生活圏としては、多様ではあるものの都市部でも農村部でも平均的には50戸前後、つまり人口100人から300人で町内や集落を形成しています。これはかなりの人が顔見知りになり得る圏域です。しかしながら、小学校や日常の消費生活に必要な商店をそれぞれがもつには小さすぎます。したがって、いくつかの町内・集落で小学校や商店街を生みだしてきたのです。これも幅がありますが、都市では5000人から2万人、農村では1000人から5000人の生活圏です。これは述べてきたように小学校区・旧小学校区・元学区・旧村というような呼ばれ方をして、住民がおおむねどこにどのような風物があるのか知り得る圏域です。それぞれ大人と子どもの身体

写真3－5　京極学区の少年補導学生班

注：高校生や大学生が各町内の地蔵盆をまわって紙芝居をしている。

的・精神的能力が生みだしてきた圏域であるといえます。すなわちヒューマン・スケールです。

しかしながら、小学校区の住民組織がほんとうに地域の意向を反映してまちづくりに貢献しているかというと大きな問題があります。京都市域では初期の小学校区でいくつかの町内が集まって、自治連合会・住民福祉連合協議会という団体を形成します。元学区単位ごとに呼称はいろいろです。規約もまちまちですが、町内会長に加えて、体育振興会・少年補導・消防団など分野別の役員で構成されます。おおむね草の根保守主義の基盤ともなっているといわれます。中島晃さんは「地域住民の自治組織と地域における行政の下部組織との2つの性格を併せ持っている」と指摘します。市は小学校の統廃合を進める際にはこの役員とのみ交渉し、小学校統廃合についてこれらの役員によって市に要望を出すという形がとられたりします。町内会長はなり手があまりないから、組ごとに輪番制のところが多くありますが、自治連合会の役員は地域の有力者でまわされていきます。民主化がのぞまれるところです。

百年以上の歴史をもつ地域組織、元学区はたしかに強固であり、現在でも生き続けている地域の単位です。しかし、しだいに小学校区とのくいちがいが生じますから、意味がうすれていくことが危惧されます。人口の配置は基本的には地域の産業構造が決定するものでしょう。それに追随して小学校を減ずるのはさらに地域の産業の担い手を損なうもので、悪循環をもたらします。元学区単位で住民間の運動会なども催されてきましたが、小学校がなくなるとしだいに盛りあがりに欠け、コロナ禍の時期に中止をすると、だんだんと元学区単位の行事は消滅していきそうです。

小学校、小学校の学舎、小学校区のあり方は、日本においては百年を超える伝統を持ち、大きく見ると優れた財産です。なぜこの秩序を壊すような方向に地域政策は向いているのでしょうか。意識的に守る運動が日本の将来にとってとても肝要です。

4　京丹後市の学校

(1) 京丹後市の小学校

1960年代から日本の人口は急増し1990年代ころから鈍化します。この過程で人口が急増してきたのは大都市郊外・衛星都市です。大都市中心部と農村部で、つまりこの両極の地域類型で人口が減少し小学校の消滅と統合が進みます。過疎農村の人口減少はとどめをしらず、二一世紀に入ってもつづいています。

ここで考察するのは京都府北部、丹後地方の例です。1955年丹後地方では昭和の大合併で1市10町の自治体ができあがりますが、その中には62の小学校と16の分校がありました。高度成長期には小学校数は増えさえしていましたが、その後人口減少はいちじるしく、小学校は再編され続けています。2022年現在京丹後市に17、宮津市7、伊根町2、与謝野町8で合計34となっています。

1970年代、このころ自治省により広域市町村圏構想がうちだされていました。いくつかの市町村をたばねて施策がうてないかという構想です。筆者は広原盛明さんらと住民のための自治圏域とはどういうものかという調査をしました。集落は農業生産をささえる単位ですが、地域がかかえる問題を解決するには小さすぎるので、昭和の大合併で成立するまえの村をここでは「旧村」と呼んでいますが、その旧村が重要な生活圏域だと主張してきました。旧村は成立当時は小学校区でもありました。

2004年には久美浜町・網野町・丹後町・弥栄町・峰山町・大宮町の6町が合併して京丹後市になります。このとき人口は6万4000人だったのがいまでは5万人を切っています。京丹後市全体では2010年に小学校は30校ありましたが、現在は17校になっています（図3－5）。この合

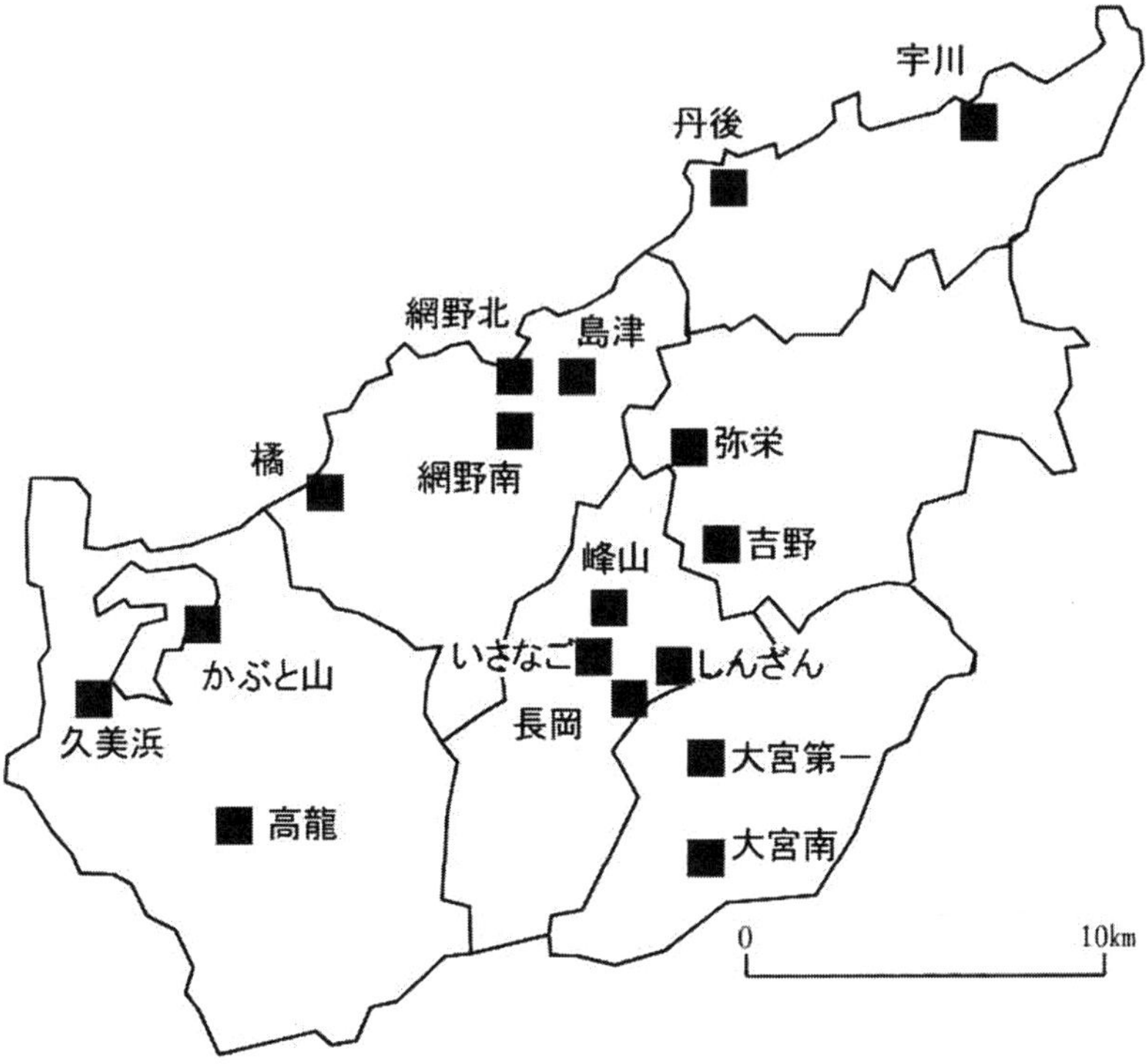

図 3－5　京丹後市の小学校（2022 年）

注：図中の境界線は、平成の大合併までの町の境界を示す。

併は小学校の統廃合をも加速させました。小学校区でもなくなった数十の旧村が京丹後市内にあるということになります。例えば大宮町の範囲で考えると、平成の合併前は8つの旧村だけが町当局とつながっていたのですが、地域と自治体との関係はずいぶん希薄になったといえます。

現在、京丹後市の小学校が17校になっていますが、さらに統廃合の計画が出ています。旧丹後町の宇川小学校、旧弥栄町の吉野小学校、旧峰山町の長岡小学校、旧大宮町の大宮南小学校、旧網野町の島津小学校の5校です。いずれも全校の学級数が6から8の学校です。市の教育委員会はそれを解消しようというのです。奥丹後教職員組合の役員松村千秋さんは、これ以上の小学校の減少は地域をますます疲弊させるといいます。さらなる統廃合の動きに抗して、小学校統廃合問題への運動を進めています。

京丹後市は小学校を統廃合するにあたって、遠距離通学が生じるため、スクールバスを配備します。集落単位で同一の通学方法とし、学校と集落の中心地との距離が、原則3㎞以上となる場合はスクールバスを運行しています。中学生では6㎞です。配車の煩雑さや生活時間の融通のなさが問題になります。なにより、歩いて通う道中の楽しみと学び、いわゆる道草も少なくなります。紹介してきた都市計画論でも指摘があるように、子どもが学校外での社会から学ぶ機会はとても重要なのですが、歩く通学がなくなるので、それがおおはばに奪われます。

(2) 旧大宮町での小学校区

旧大宮町となる地域は、1889年には、大野村・長善村(旧大宮町と旧峰山町にまたがっている)・三重村・周枳村・河辺村・五十河村・常吉村の七村、その三年後に大野村が口大野村と奥大野村に別れたため、8村からなっています。大宮町には8つの旧村がありました。つまり小学校・小学校区も8つ(長善小学校は旧峰山町内にあった)でしたが、1970年代には4つの小学校になっていました。このころまでは、旧村はまだ存在感のある単位で、集落・旧村ごとの集会施設や購

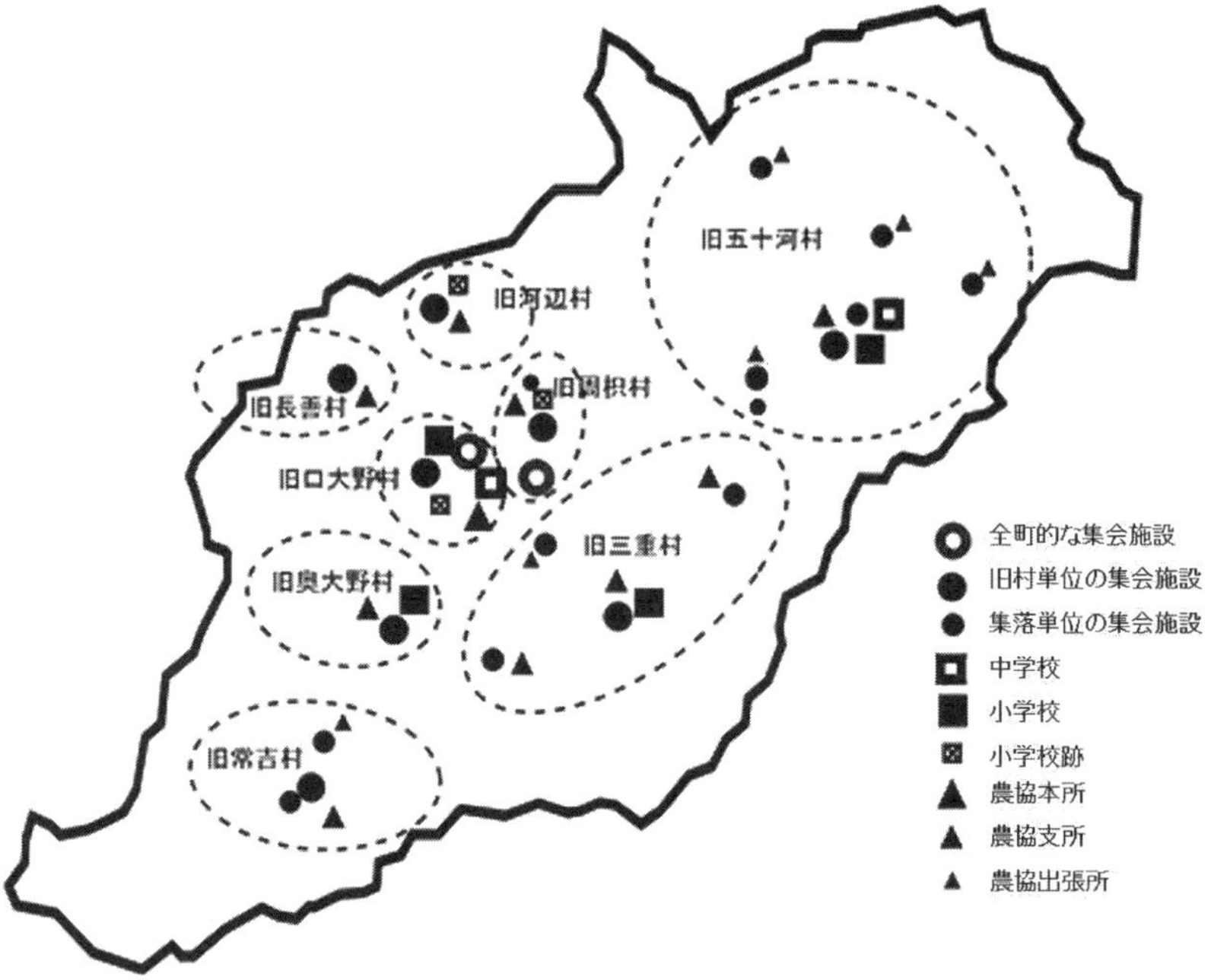

図３－６　旧大宮町の小学校・集会施設（1976 年）

出所：筆者作成。

買施設は現在に比べて充実していました。常吉では旧村・集落単位の集会施設に加えて組単位で集会施設をもつところがありました。組有林さえもっていました（図３－６）。

その後平成の大合併で、大宮町は６町合併により５０１平方キロもある広大な京丹後市の一部となりました。現在では旧大宮町の範囲では小学校は２つになってしまいました。さらに大宮南小学校を大宮小学校に統合しようとする計画があります。小学校だけでなく、丹後大宮農協も１９９５年に農協の合併でなくなりました。８つあった支所もなくなりました。

そうした問題に抗すべく、二一世

紀に入って、大宮町では旧村単位で村づくり委員会を作るという試みが始まりました。村づくり委員会は旧来の地域組織ではこなせなかった構想をうちたてる役割を与えられていました。もっとも周辺部にあり上常吉と下常吉の2集落からなる旧村常吉では、農協支所もなくなるなか、「常吉村営百貨店」という購買施設をうみだしたりする成果をあげています。

現在ここではどういう景観ができているでしょうか。大宮町と峰山町は内陸にありますが、平地が多く鉄道が通り、バイパス沿いに各種商業施設が立地しています。地域全体が徒歩圏でなり立っていた日常生活圏は失われ、クルマ利用を前提としたロードサイド景観となって現れています（写真3－6）。日本中で見られる景観が出現しています。

写真3－6　ロードサイド景観

注：峰山町・大宮町を貫くバイパス沿いの景観。

(3)　宇川地区のまちづくり

地域づくり運動では旧丹後町の宇川地区の例が特筆に値します。宇川は丹後半島の最北端にあります。つまり、近畿地方の最北端経ヶ岬を含みます。東端で伊根町と接しています。こんもりとした山が海の近くに迫って、海の見える斜面地に集落が点在します。海と山の景観の楽しめる美しい農村です。経ヶ岬近くに米軍のミサイル防衛用早期警戒レーダー、Xバンドレーダーが配備されています。どうしてこんなに風光明媚な場所に米軍基地が立地してしまったのでしょう（写真

3－7）。

旧丹後町は5つの旧村がありました。過疎化が進み、小学校は丹後小学校と宇川小学校の2つになっています。そこへ小規模校だというので宇川小学校の廃校がもくろまれています。間人《たいざ》にある丹後小学校への統合が京丹後市により計画されています。宇川小学校で複式学級が生じるというのが口実です。市の教育委員会は2021年2月に住民代表に説明会を開きましたが、住民が判断するには不十分なものでした。住民の意向を問うたところ、小規模でも小学校を存続させたいという願いがつよく、有権者1116に対して733の署名が集まりました。これまでの多彩な地域づくりの意識的な取り組みが、こうした積極的な意向をひきだしています。上宇川連合区長の小倉伸さ

写真3－7　宇川の風景

注：（上）宇川小学校。（中）宇川温泉よし野の里。
（下）米軍基地。

んは地域で子どもを育む環境が取り去られることの危険を訴えます。小学校存続は「地域や家庭とも連携した、コミュニティスクールとして、京丹後市における少子化時代の学校の新たな可能性を切り拓くものだ」といいます。実際に宇川小学校では地域の農業や漁業と連携した教育実践があります。

米軍問題でも運動の先頭に立つ市会議員の永井友昭さん（京丹後宇川の風）は統廃合問題でも重要な運動をしています。市の統廃合の計画は拙速であり、小学校が1つ減ると2400万円の補助金が減るのになぜ廃校にするのかと問いかけます。議会での反対討論を引いておきましょう。「市の未来を考えたとき、今ある地域の力をいかにして未来へ繋いでゆくかということが一番大切です。持続可能な地域作りのベースは人作りです。子ども達を可能な限り地域とともに育てることが、今こそ大切なことではないか」。

市の「京丹後市学校適正配置基本計画」は小規模校を次つぎに廃校にしていく構想ですが、「適正配置については、一律的に進めるのではなく、学校・学級の小規模化の状況と今後の予測を基に、地域住民、保護者との丁寧な話し合いを重ね、理解が深まったと判断された場合、その実施及び時期を決定します」との一文が入っています。宇川におけるねばり強い運動を反映しているといえるでしょう。

宇川では地域づくりの多彩な展開があります。宇川温泉よし野の里は地元の力を反映した施設です。自家源泉の宇川温泉、地元で採れた魚や野菜をふるまうレストランや宿泊施設があります。直売所でも地元産の野菜やジャムやドレッシングが並びます。北に面する丘にあるのでテラスからは丹後の海が見えます。そのほかにも観光や地域おこしの取り組みがあり、龍谷大学政策学部の今里佳奈子ゼミはこれらの運動を支援しています。宇川の多彩な活動は、小学校をなくすのではなく地域づくりの拠点として存続することの意味をより鮮明にしています。

京都府には北から南まで学校統廃合の動きがあとをたちません。それに抗する運動も活発です。府南部の宇治田原町の住民組織が小学校統廃合計画を白紙に戻す署名を町に提出しました。府中部の丹波の園部町の西本梅小学校区の住民も大半が小学校存続を望んでいることが分かりました。南丹市や八木町でも小学校統廃合を考える団体が結成されています。こうした運動で語られる学校と地域の姿のなかに、地域再生の手がかりがあるのですが、なかなか行政に届きません。

(4) 丹後の高校再編問題

高校三原則は大戦後の学制改革でかかげられました。新制高等学校教育の「小学区制・総合制・男女共学」です。京都府では蜷川虎三による革新府政が1950年から1978年まで続き、高校三原則を死守してきました。それに対して京都府の公立高校からの京都大学への進学が少ないという攻撃がありましたし、現在でもこのことが語られることがあります。しかしこれは誤りで、ずっと京都府出身者は10%前後で、小学区制を崩してからも増えていません。ちなみに2021年の京都大学の入学者2707人のうち京都府出身者は265人でした。

2021年度下半期のNHKの連続テレビ小説「カムカムエヴリバディ」で、主人公大月ひなたの高校での場面が数回登場しますが、若いひとからは「あまり勉強しない子からよくできる子まで同じクラスにいるのはおかしい。それにみんな私服を着ている」という疑問がSNS上にも飛び交いました。京都出身の年配の方からは「地域に根ざした当時の京都の公立高校のようすが懐かしい」という声も出ました。ドラマでは1980年代の初めの設定で高校三原則は1984年までで終ります。また、私服登校も次つぎに姿を消していきました。その後京都の高校制度は全国でもまれなほど差別選別の度合いを増しました。公立高校のなかでも堀川高校の「人間探究科」「自然探究科」や嵯峨野高校の「京都コスモス科」や西京高校の「エンタープライジング科」などという進学を念頭においたクラスが設けられました。同じ高校の中でも格差を付けるのです。だからといって府全体として難関校への進学率が上がっているわけでもないのです。

京都府高校統廃合の問題にもふれておきます。高校の存在は小学校・中学校とはまた別の意味から重要です。高校が地域の最高教育機関である場合も多く、地域の知的な拠点施設です。専門知識をもつ教員集団がいて、高校に行かなければ出会えない図書もあります。また一般的にいって高校への通学では徒歩や自転車通学では補いきれません。公共交通と高校は表裏一体で地域を支えています。高校生が貴重な乗客ですし、鉄道や路線バスがなければ通学のできない高校生も多数います。丹後地域の場合、北近畿タンゴ鉄道がきわめて重要ですが、内陸部を通っているだけなので、ここでは路線バスの役割にも大きなものがあります。

ここにきて丹後地域で高校の統廃合が相次いでいます。2010年代に入って、京都府教育委員会は生徒数が減ることに合わせて府立高校の数を減らすという方針を打ちだしました。2010年代には丹後地域には、久美浜高校・網野高校・峰山高校・加悦谷高校・宮津高校・海洋高校があり、さらに網野高校間人分校・峰山高校弥栄分校・宮津高校伊根分校がありました。宮津市に私学の暁星高校もあります。府立高校の再編はたいへん複雑なのですが、2022年4月の時点で久美浜高校と網野高校の合併した丹後緑風高校（網野学舎と久美浜学舎に分かれている）、宮津高校と加悦谷高校の合併した宮津天橋高校（宮津学舎と加悦谷学舎に分かれている）、峰山高校、清新高校、海洋高校となっています。

清新高校は峰山高校弥栄分校・宮津高校伊根分校・網野高校弥栄分校を閉校して新設するもので、弥栄分校跡に昼間定時制総合学科（単位制）となります（図3－7）。

宮津高校弥栄分校で教鞭をとっていた近江裕之さん（今年度から清新高校）は、「弥栄分校は、全校74名という小規模校であるが、生徒会活動もクラブ活動も活発に行われ、生徒が生き生きと学んでいる」といいます。教員からも生徒からも意見をよく聞き小規模校での教育実践の利点を共有することがとても重要です。府教委の小規模校は活力がないという主張は、小学校の統廃合に際して小規模校では競争力が育たないというのに似ています。

近江さんは「丹後・与謝の高校再編問題を考える会」の事務局長も務めますが、高校の学舎制では謳われている連携・交流はほとんど行われないといいます。宮津天橋高校の宮津学舎と加悦谷学舎

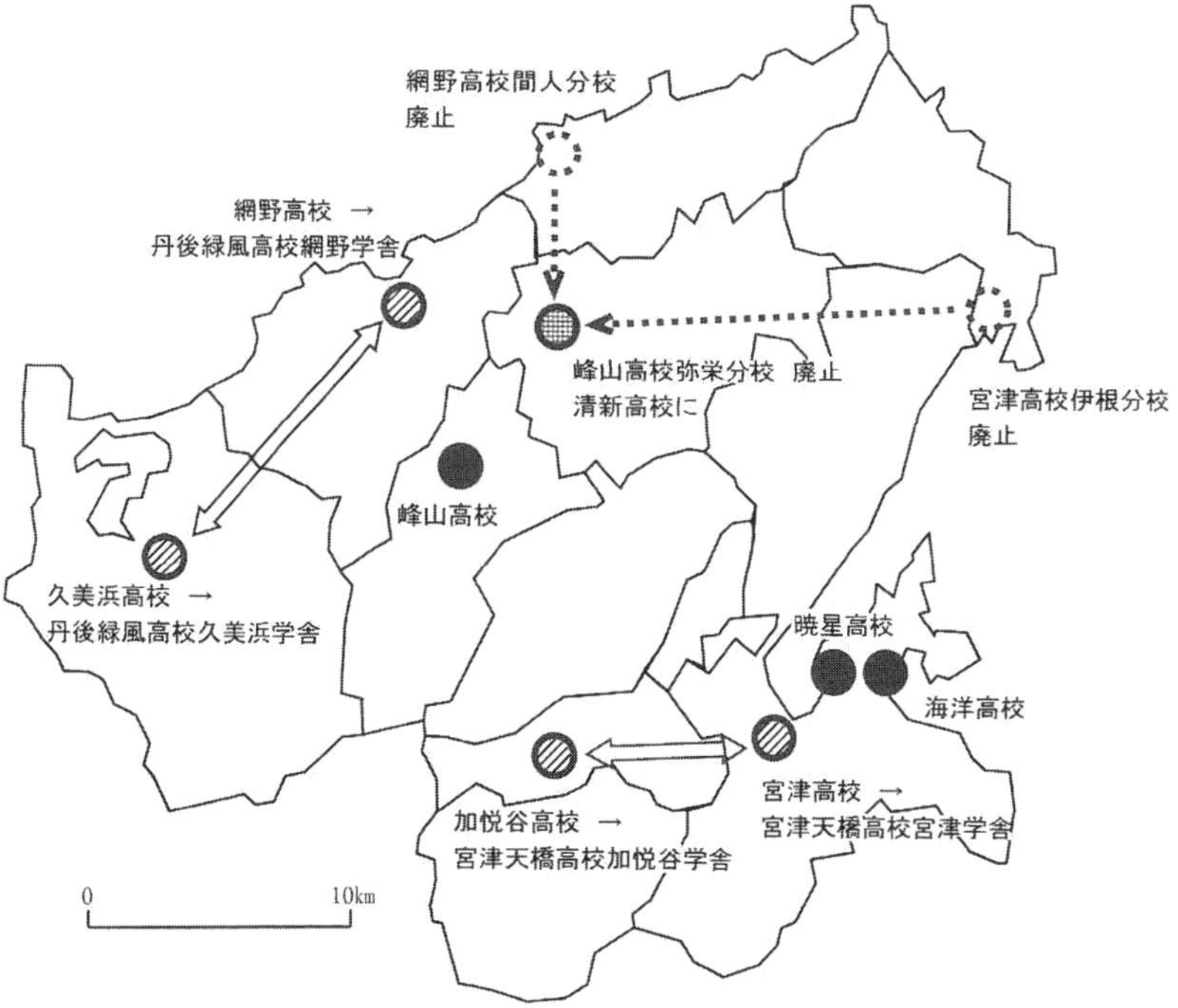

図 3－7 丹後地域の 2022 年春までの高校再編

注：図中の境界線は、平成の大合併までの市町の境界を示す。

では、入学式とクラブ以外は生徒も教員もほとんど交流がなく、部活動もバスが出ているが水曜と金曜に限られています。保護者の願いは同一高校で学舎を分ける学舎制にしたり、分校を統廃合してフレックス化するのではなく、本校を継続することだといいます。職業教育の拠点もそれはそれで重要だが、普通科を充実して生徒の進路の幅を広げてほしいという要望が多数を占めることが明らかになっています。

近江さんはさらなる再編へと舵を切られないよう注視する必要があるといいます。ただ、こうした運動を通し小中学校の教員組合と高校の教員組合が手を取り合って運動を進めることが当たり前にできるようになったのが大きな成果だともいいます。

中学校にふれてきませんでしたが、京丹後市の中学校は平成の大合併前の旧6町に1つずつになっています。述べてきたように丹後は山の多い面積の広い農村部であり、その通学の負担は大きいものがあります。

この章では大都市中心部と過疎農村の生活圏域・小学校のあり方を考察しましたが、その中間にある中小都市や衛星都市でも、近年の高齢化人口減のために小学校の統廃合問題が急増するであろうことが予想されます。学校の統廃合では、その構想を住民がよく検討する機会をもつことが肝要であることを忘れてはなりません。知らないあいだに計画は進んでいきます。運動が進むと小規模校の教育実践がすぐれていることが理解され、地域に欠かせないものであるという経験がしだいに浮かびあがってきます。

参考文献

・Nishiyama Uzo *Reflections on urban, regional and national space: three essays, with introduction by Carola Hein*, Routledge, 2018.
・Urban Task Force *Towards an Urban Renaissance*, E & FN SPON, 1999.
・アレグザンダー、クリストファー（平田翰那訳）『パタン・ランゲージ』鹿島出版会、1984年（原著197

7年）。
・岡田知弘・京都自治体問題研究所『市町村合併の幻想』自治体研究社、2003年。
・小伊藤亜希子「子どもの遊びと生活圏からみた学校統廃合―京都市の調査から―」『建築とまちづくり』2017年3月。
・ジェイコブズ、ジェイン（山形浩生訳）『アメリカ大都市の死と生』鹿島出版会、2010年、（原著1961年）。
・辻本雅史『江戸の学びと思想家たち』岩波新書、2021年。
・中島晃「地蔵盆・「町家」・番組小学校―地域共同体に関する一考察―」『現代総有』現代総有研究所、2021年6月。
・中林浩・中島熙八郎・西沢恒善「農村地域における「部落」と「旧村」の自治機能に関る研究」『日本建築学会近畿支部研究報告集』1977年。
・西山夘三「国土構成の一試論」『地域空間論』勁草書房、1946年。
・林潤平『図録番組小学校の軌跡』京都市学校歴史博物館、2019年。
・マンフォード、ルイス（生田勉訳）『都市の文化』鹿島出版会、1974年（原著1938年）。
＊本文中に示したほかに参考となる意見をたくさんの方からうかがいました。下京区では古澤房子さん・森野修一さん、北区では人見吉晴さん・伊藤和さん、西京区では中組修さんからです。いずれも地域で熱心にまちづくり運動に取り組まれている方々です。

第4章

公共施設再編政策と学校統廃合

平岡和久

「平成の合併」を契機として公立小・中学校の統廃合が全国的に進みました。しかし、2010年に「平成の合併」が一区切りとなった後にも学校統廃合は収まっていません。特にここ数年、学校統廃合への動きが過熱しています。その背景には政府が公共施設の総量削減を推進していることがあります。本章では政府と自治体が公共施設の総量削減を推進する背景とともに、公共施設再編政策と学校統廃合との関係性を明らかにしていきます。

1 人口減少下における地方行財政改革と公共施設の総量削減

(1) 地方創生政策と「まちの創生」のねらい

公共施設の総量削減が強力に推進されるきっかけとなったのが人口減少問題に焦点を当てた地方創生政策です。地方創生政策が登場するための前段階の仕掛けとなったのが2014年の日本創成会議の人口減少問題検討分科会（座長は増田寛也元総務大臣）が出したレポート（いわゆる「増田レポート」）でした（増田2014、参照）。「増田レポート」は「消滅可能性自治体」をリストアップしたことで自治体関係者にショックを与えました。政府が直接提示できない「消滅可能性自治体」リストの公表を民間団体が担ったのですが、実際には安倍政権下の官僚が深く関わっていたと言われています（岡田2014、参照）。「増田レポート」に呼応して安倍政権は地方創生本部を立ち上げ、2014年末には地方創生総合戦略を策定し、人口減少に対する対応策を打ち出していきます。

地方創生政策は、①しごとの創生、②ひとの創生、③まちの創生の３つを取り組むとしましたが、そのなかでも地方創生政策の本質的なねらいがこめられていたのが「まちの創生」でした。①しごとの創生と②ひとの創生が人口の自然増や社会増を目的とした「積極戦略」である一方、③まちの創生は人口減少に対応した「調整戦略」とでも言うべきものです。人口の自然増や社会増を図る戦略は中長期的な視野の取り組みであり、実際には向こう数十年間は日本全体の人口減少が続くことになり、大半の地域は人口減少が続くことが予測されています。それゆえに、「まちの創生」は、多くの地域で続いていく人口減少社会に対応した行財政合理化およびまちづくりを目指すものでした。そのためのキーワードが「コンパクト化＋ネットワーク化」であり、農山漁村や地方都市に対して、拠点都市、コンパクトシティ、「小さな拠点」等の拠点に機能を集約化し、周辺部とネットワークを結ぶことによって効率的な地域構造をつくり出すとともに、インフラや公共施設の再編・合理化を含む行財政の徹底した合理化・効率化を図っていこうというものでした。そのために推進されたのが連携中枢都市圏であり、従来から取り組んできた定住自立圏のさらなる拡大でした。

　政府は、２０１４年度の補正予算で地方創生先行型交付金を全自治体に交付するとともに、翌年度以降においても地方創生関係の交付金を導入しました。地方創生関係の交付金は主に人口の自然増と社会増を目的とした「積極戦略」に対応し、マイナスサムゲーム下における自治体間の人口獲得競争に活用されたものの、全体として合計特殊出生率は改善せず自然減が続くなかで、自然減を上回る社会増となった一部の自治体を除いて大半の自治体は人口減少傾向が続きました。こうして地方創生政策は自治体の「生き残り競争」を組織化するとともに、大半の「負け組」自治体に対して人口減少を前提とした行財政の効率化をいっそう促すものとなりました。実質的に、地域再編と公共施設等の再編を含む行財政効率化を促進する「まちの創生」が地方創生政策の本丸の政策として推進されたのです。

(2) 自治体戦略２０４０構想と公共部門の合理化

地方創生政策における「まちの創生」政策は自治体戦略２０４０構想の登場によってさらに展開されていきます。自治体戦略２０４０構想は総務省の研究会報告から出たものですが、その報告が第32次地方制度調査会（以下、32次地制調）の諮問事項につながり、地方自治制度の改革の焦点になりました（自治体戦略２０４０構想と32次地制調答申については、白藤他２０１９、平岡２０２０および榊原・岡田他２０２１、参照）。

自治体戦略２０４０構想研究会報告は人口減少のなかでも若者労働力の減少とともに公共部門の資源の制約を強調しました。労働力と資源制約のなかで、公共部門や地域構造を合理化することによって民間部門に労働力や資源を振り向け、経済成長を図っていこうという考え方をとったのです。そのため経済成長のために公共サービスの産業化をはじめ、公共部門の資源を民間部門にシフトする方向性がとられることになります。さらには公共部門に集約されているビッグデータをオープン化し、産業分野のイノベーションと経済成長につなげていくというねらいがありました。そのための仕掛けが自治体行政の標準化と「圏域行政」です。こうした方向性は、すでに小泉構造改革にみられるような新自由主義的改革としてとられてきた改革をいっそう加速化するものでした。

自治体戦略２０４０構想にもとづく地方自治制度の改革を検討した32次地制調において最大の焦点となったのが「圏域行政」の法制化でした。しかし、全国町村会などが「圏域行政」の法制化に反対したことから、答申において「圏域行政」の法制化については継続的な検討課題とされるに止まりました。そのかわりに前面に出てきたのが行政デジタル化の推進です。答申では、行政デジタル化が社会のデジタル化の基盤となることが期待され、効率的で利便性の高い行政サービスの提供とともに、組織や地域の枠を超えたイノベーション創出の基盤となることが期待されるとしています。つまり、行政の標準化とデジタル化の推進は、公共私の連携・協働のための基盤構築を目指すものであり、さらには地域の枠を超えた広域連携をも目指すものだということです。

答申では組織や地域の枠を超えるということが強調されていますが、まず組織の枠を超えることが意味するのは行政組織、コミュニティ組織、ＮＰＯ、企業などの公共私の多様な主体による連携の推進です。そのなかでも、特に多様な主体のなかの企業について地制調答申では具体的に説明されていないものの、実際には公共部門による公共サービスの供給からの撤退と公共サービスの産業化がメインに推進されることになります。また、地域の枠を超えることが意味するのは市町村が他の市町村・都道府県と連携していくことです。しかし、実際には、連携中枢都市圏や定住自立圏、あるいは都道府県による補完・支援を基盤とした圏域行政において公共サービスの産業化が推進されます。その際、公共サービスの産業化そのものについて地制調答申では触れられていないものの、実際には民営化の他、ＰＦＩ、包括業務委託、地方独立行政法人などが推進されることになります。

以上のように、自治体戦略２０４０構想は、公共サービスの直接提供からの撤退と公務員の大幅削減を目指すものであり、その目指す自治体の姿において、公務員は住民とコミュニケーションをとる公務員と圏域マネジメントを担う公務員への分業へと向かうことになります。公共サービスの提供や公共施設の管理運営も民間にシフトしていきます。そうなれば、公共サービスを直接提供するのは企業が中心となり、現場をもたない自治体職員では公共サービス提供企業をコントロールできなくなります。さらに、公共サービス市場における企業間競争の結果、独占的優位（ＡＩ等を含む）が確立すれば、企業による自治体支配へと向かうおそれがあります。その結果、公共サービスの現場を踏まえた公共サービスの改善や政策づくりが機能しないことになるおそれが出てきます。つまり、自治体が住民の基本的人権の保障や維持可能な地域づくりに責任を果たせなくなるのです。また、広域連携と圏域行政の推進は、圏域行政への権限集中をもたらし、市町村自治が著しく制約されることになります。さらに、公共サービス産業化、行政のビッグデータの産業への提供という目的が優先されれば、住民のプライバシーが犠牲にされるおそれがあります。

(3) 公共サービスの民間化・産業化と公共施設

地方創生政策と並行して、安倍政権は公共サービスの産業化を推進してきました。政府の骨太方針2015では、国、地方、民間が一体となって「公的サービスの産業化」、「インセンティブ改革」、「公共サービスのイノベーション」に取り組むことが打ち出されました。このうち「インセンティブ改革」は医療など公共サービスの量的な増大を抑制することに眼目があります。「公共サービスのイノベーション」においては公共サービスに係る情報の「見える化」とともに業務の簡素化・標準化などが目指されています。「公的サービスの産業化」は、公共サービスやその周辺のサービスを企業が担うことによって新たな成長につなげようというものです（公共サービスの産業化については、岡田2019、参照）。

「公共サービスの産業化」の主なターゲットとなっているのは、第一に公共施設等であり、PPP／PFIが推進され、設計・施工・運営を包括的に民間企業が担うことにより民間企業の成長源となることが目指されます。第二に窓口業務やバックオフィス業務をはじめあらゆる自治体業務を民間企業に開放することが目指されます。その際、行政サービスの標準化と行政デジタル化の推進が重視されます。第三に上・下水道、交通事業、自治体病院などの公営企業の民営化や民間委託の拡大です。第四に医療などの社会保障分野における産業化であり、行政が有する個人の健康情報等のビッグデータを企業に提供し、ICTやAIなどを活用したビジネスの創出が目指されます。

また、公共施設等については、「公共サービスのソフト化」という考え方が出ていることにも注意が必要です。それは内閣府の報告書で提起されており、「政府は自ら施設を所有せず、民間施設を借用する、もしくは施設を使わないサービス手段に切り替えるもの」とされています。「公共サービスのソフト化」の手法は、①施設の民間移管、②代替サービスの提供の2種類があるとされ、それらの手法によって公共施設を「ソフト化」すれば、施設の維持・更新費の軽減等による財政削減効果が見込まれるとしています。民間移管のケースでは、既存民間施設の利用や既存公共施設の活用（セール＆リースバック）といった手法があるとされています。代替サービスの提供については、ＩＴ等の活用や訪問サービスによる「ソフト化」が考えられるとしており、例えばＩＴ等の活用であれば、小・中学校における通信教育サービスの実施、病院・診療所における遠隔診療などがあげられています。訪問サービスについては、保育所に代るベビーシッターサービスや図書館に代る移動図書館などがあげられています。特に学校・保育所等の施設を「ソフト化」することができれば、我が国全体の公共施設の延床面積の大幅な縮減効果が期待できることになります（内閣府政策統括官・経済財政分析担当、２０１７）。

こうした分析と見解は、ポストコロナにおける「ニューノーマル」論およびデジタル社会論によって増長されていくものと予想されます。実際、佐藤学によれば、海外においては、教育市場の膨張とＩＴ産業の参入を背景として教育のビッグビジネスが展開され、公立学校の民営化と民間委託化が進んでいます。なかでもＩＣＴ教育市場が拡大を続けており、公教育の崩壊が進行しています。日本においてはこれまでのところ教育産業の公教育への参入に歯止めがかかっていましたが、経産省と文科省によるＧＩＧＡスクール構想と「未来の教室」が公教育への教育産業やＩＴ産業の参入を促進しており、その先にあるのが教育の民営化です（佐藤、２０２１）。こうした方向は学校の

「ソフト化」を進めるものであり、注視していかねばなりません。
とはいえ、当面は学校統廃合や集約・複合化が推進されており、それにどう対応するかが焦点となっています。

2　政府による公共施設再編の推進

(1)　公共施設等総合管理計画と財政措置

地方創生政策に先立って、総務省は「公共施設等の解体撤去事業に関する調査」を行い、2013年12月、自治体が解体撤去する意向を示している社会資本は約1万2000件、解体撤去費用約4000億円（廃棄物処理施設、教育関係施設、公営住宅等）などを内容とする報告書をまとめました。それを受けて、総務省は公共施設の老朽化対策とともに再編に乗り出します。

総務省は公共施設の総量削減を推進するため、2014年度から自治体に対して2016年度までに公共施設等総合管理計画の策定を要請するとともに、計画策定に係る経費に対して特別交付税措置を講じました。公共施設等総合管理計画では、すべての公共施設等を対象に、公共施設等の状況、人口の今後の見通し、財政収支の見込みを把握するとともに、更新・統廃合・長寿命化などの総合的計画的管理を盛り込むよう求めました。

総務省は、同計画にもとづく公共施設の総量削減を推進するため、地方財政措置を講じていきます。

まず、２０１４年度予算において公共施設等の除却に対する地方債の特例措置が導入されます。続いて、２０１５年度には公共施設最適化事業債が導入され、公共施設の集約化を促進しました。さらに２０１７年度には公共施設最適化事業債を拡充した公共施設等適正管理推進事業債が導入され、自治体の公共施設の再編や長寿命化への財政支援が行われてきました。その内容は以下のとおりです。

集約化・複合化事業　充当率90％、交付税算入率50％
転用事業　充当率90％、交付税算入率30％
長寿命化事業（新規）　充当率90％、交付税算入率30％
立地適正化事業（新規）　充当率90％、交付税算入率30％
市町村役場機能緊急保全事業（新規）　充当率90％、交付税算入率30％

ここでは、既存の集約化・複合化事業や転用事業に加えて長寿命化事業が導入されていることが注目されます。公共施設の老朽化対策の基本となるのが長寿命化であるからです。公共施設等適正管理推進事業債は、その後段階的に拡充されていきます。２０２２年度における同事業債の概要は**資料４－１**のとおりです。

総務省が公共施設の総量削減を推進する背景には、公共施設の老朽化に伴い過去に整備した多くの公共施設が今後更新時期を迎えることとなり、更新費用が自治体財政を圧迫することが予測されることがあります。

公共施設等の適正管理の推進

○公共施設等の適正管理を推進するため、「公共施設等適正管理推進事業費」について、対象事業及び事業費を拡充した上で、事業期間を5年間延長

【事業期間】令和4年度〜令和8年度（「脱炭素化事業」は令和4年度〜令和7年度）

【事 業 費】5,800億円
（令和3年度：4,800億円）

【対象事業】○「長寿命化事業」の拡充
（空港施設、ダムの追加）
○「脱炭素化事業」の追加

【地方財政措置】公共施設等適正管理推進事業債　※下線部は令和4年度の変更部分

<table>
<tr><th>対象事業</th><th>充当率</th><th>交付税措置率</th></tr>
<tr><td>①集約化・複合化事業
・延床面積の減少を伴う集約化・複合化事業</td><td>90%</td><td>50%</td></tr>
<tr><td>②長寿命化事業【拡充】
【公共用建物】
・施設の使用年数を法定耐用年数を超えて延長させる事業
【社会基盤施設】
・所管省庁が示す管理方針に基づき実施される事業（一定規模以下等の事業）
（道路、河川管理施設（水門、堤防、ダム（本体、放流設備、観測設備、通報設備等））、砂防関係施設、海岸保全施設、港湾施設、都市公園施設、空港施設、治山施設・林道、漁港施設、農業水利施設・農道・地すべり防止施設）

③転用事業
・他用途への転用事業</td><td rowspan="4">90%</td><td rowspan="4">財政力に応じて30〜50%</td></tr>
<tr><td>④立地適正化事業
・コンパクトシティの形成に向けた事業</td></tr>
<tr><td>⑤ユニバーサルデザイン化事業
・バリアフリー法に基づく公共施設等のバリアフリー改修事業
・公共施設等のユニバーサルデザイン化のための改修事業</td></tr>
<tr><td>⑥脱炭素化事業【新規】　※令和4年度〜令和7年度（4年間）
・地球温暖化対策計画において、地方団体が率先的に取り組むこととされている事業</td></tr>
<tr><td>⑦除却事業</td><td>90%</td><td>—</td></tr>
</table>

資料4－1　2022年度地方財政対策における公共施設等の適正管理の推進

出所：総務省資料。

さらに、総務省が公共施設の総量削減を進める背景には、地方一般財源抑制政策のなかで、今後、政府が地方の公共施設の更新費用や維持管理費用に対する財源保障を縮減していく方向性があります。自治体における公共施設の更新費用や維持管理費用をナショナルミニマムとして保障すべきであるとすれば、その財源保障についても国が責任を持たなければなりません。国にとっては、必要な地方一般財源について財源保障を行う枠組みを保持しながら地方への移転財源を縮減するには、自治体の行財政の合理化を促すことによって、自治体が必要とする財政需要そのものの縮減を実現することがポイントになります。そのための方策の一つが公共施設の総量削減です。

人口減少が続くなかで、従来提供してきた公共施設を必要量に合わせて住民合意を図りつつダウンサイジングさせていくことは、一般的に首肯できるものです。しかし、現実の公共施設の見直しは、政府の財政抑制路線によって大きく歪められてしまいました。

公立学校については、財務省の教育予算抑制圧力のもとで、文科省の学校適正規模論が縦割の教育行政に影響を及ぼし、学校統廃合への前のめりの動きにつながりました。さらに財務省の地方財政抑制圧力のもとで、総務省の自治体行財政合理化の一環としての公共施設再編策が自治体の首長や企画財政部局に影響を及ぼし、公共施設再編への前のめりの姿勢につながっていったのです。

総務省は都道府県、市区町村に対して2016年度までに公共施設等総合管理計画の策定を要請しましたが、2021年3月末時点で都道府県、政令市は全団体で策定済み、市区町村の99・9％が策定済みとなっています。中山徹によれば、自治体が策定した公共施設等総合管理計画は二つのタイプがあり、一つのタイプは長寿命化を重視した自治体計画であり、もう一つのタイプは公共施設の削減に主眼を置いた自治体計画です。後者の場合は公共施設の総量縮減を重視し、その多くは削減目標を設定しています（中山2017、参照）。それゆえ、公共施設の削減目標を設定した自治体において、市町村の公有財産（建物）の延面積の4割近くを占める学校が主なターゲットの一つになったのです。

総務省はさらに都道府県、市区町村に対して2020年度までに公共施設等総合管理計画にもとづき個別施設計画を策定するよう要請しました。個別施設計画（長寿命化計画）策定においては、長寿命化、廃止、機能転換、減築、集約・複合化等が検討されます。これらの個別施設計画は自治体内部では各担当部局で検討するだけでなく、全庁的な調整会議等で検討されることになります。その検討プロセスにおいて、議会や住民との情報共有と住民参加が十分に行われない場合が多いともわれます。

公共施設等適正管理推進事業債の事業期間は2021年度までとしていましたが、5年間延長（2022年度～2026年度）されます。2022年度時点における公共施設等適正管理推進事業債の対象事業および充当率・交付税措置率は**資料4－1**のとおりです。2022年度においては、長寿命化事業の拡充の他に新たに脱炭素化事業が入りました。

公共施設等適正管理推進事業のうち最も財政措置が手厚いのが集約化・複合化事業であり、充当率90％、交付税措置率50％となっています。しかし、長寿命化事業などについても充当率は同じく

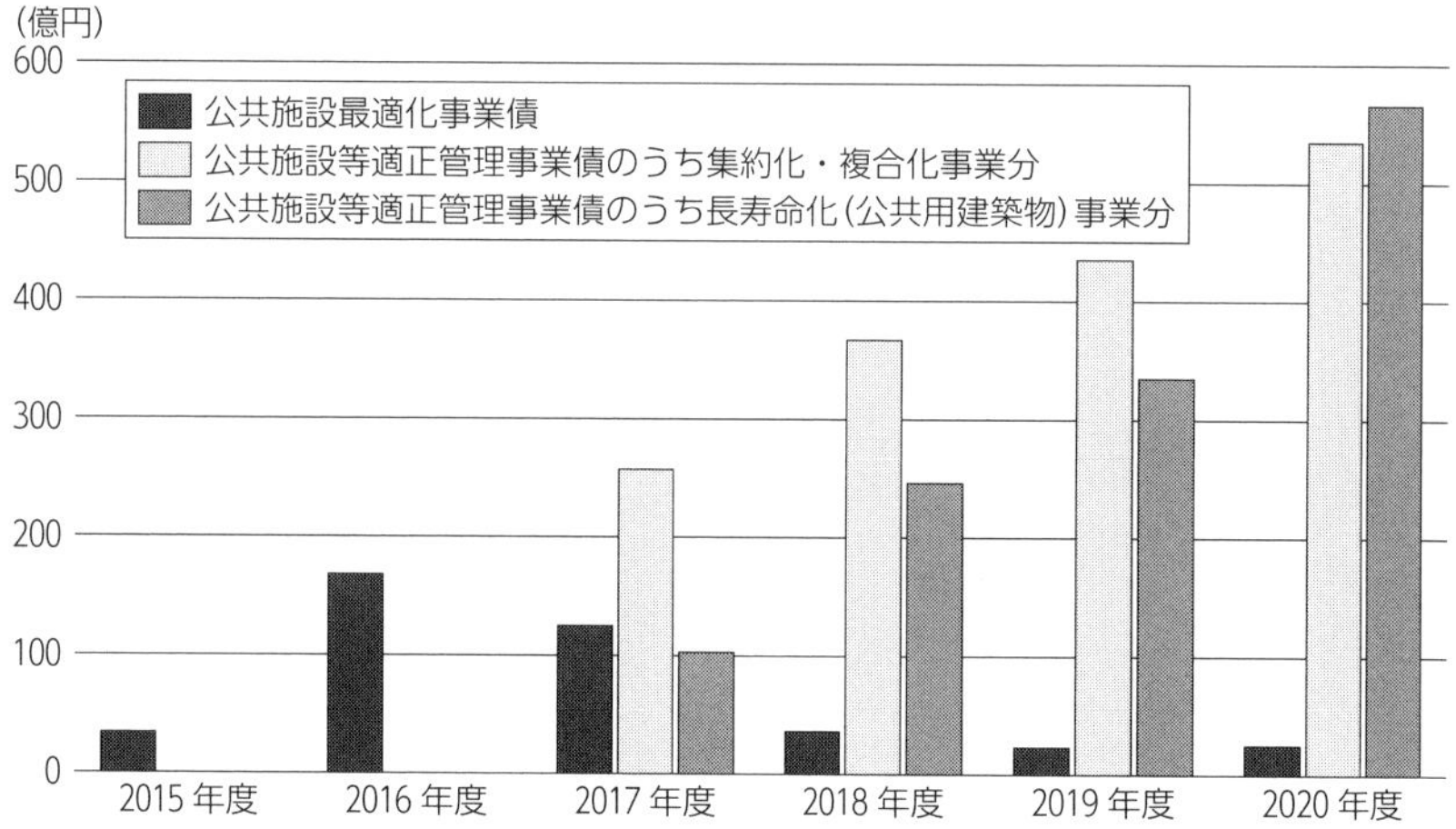

図4－1　市町村における公共施設再編関係の各地の地方債の発行実績

出所：総務省資料より筆者作成。

90％であり、交付税措置率は集約化・複合化事業と比べてやや低いものの、財政力に応じて30％～50％となっています。

総務省は、都道府県、市区町村に対して２０２１年度中に個別施設計画等を反映した総合管理計画の見直しを行うことを要請しました。それとともに、市町村の専門家の招へい、業務委託、公共施設等総合管理計画見直しなどの経費に対して、２０２１年度に限り、新たに特別交付税措置を講じました。総務省が公共施設等総合管理計画の見直しを重視する背景には、自治体の個別施設計画において十分な公共施設の総量削減ができていない状況があるとおもわれます。

(2) 公共施設等適正管理推進事業債等の活用実績

総務省によれば、公共施設等適正管理推進事業債等の活用件数について、集約化・複合化事業は２０

15年度の33件から2020年度の298件に増加し、長寿命化事業は2017年度の827件から2020年度の4224件に増加しています（2021年12月3日の経済財政諮問会議への金子総務大臣提出資料）。

図4－1は市町村の公共施設最適化事業債、および公共施設等適正管理推進事業債のうち集約化・複合化分ならびに長寿命化（公共用建築物）事業分の新規発行額の推移をみたものです。いずれもこれらの地方債が導入されて以降、発行額が増加していることがわかります。これらの地方債発行のうち、学校施設関係がどの程度あるかについてのデータはありませんが、実際、学校施設の集約化・複合化に同地方債が活用される事例もみられます。

3　公共施設再編と学校統廃合の現段階

(1)　公立学校施設整備と財政措置

公立学校施設整備については、「義務教育諸学校等の施設費の国庫負担等に関する法律」にもとづく国庫補助負担金（主に公立学校施設整備費負担金および学校施設環境改善交付金）が活用されます。その概要を公立学校施設法令研究会（2021）でみると以下のとおりです。

公立学校施設整備費負担金は小中学校等の校舎・屋内運動場の新増築、小中学校等の統合に伴う校舎・屋内運動場の新増築および中等教育学校等の校舎・屋内運動場・寄宿舎の新増築に対する国

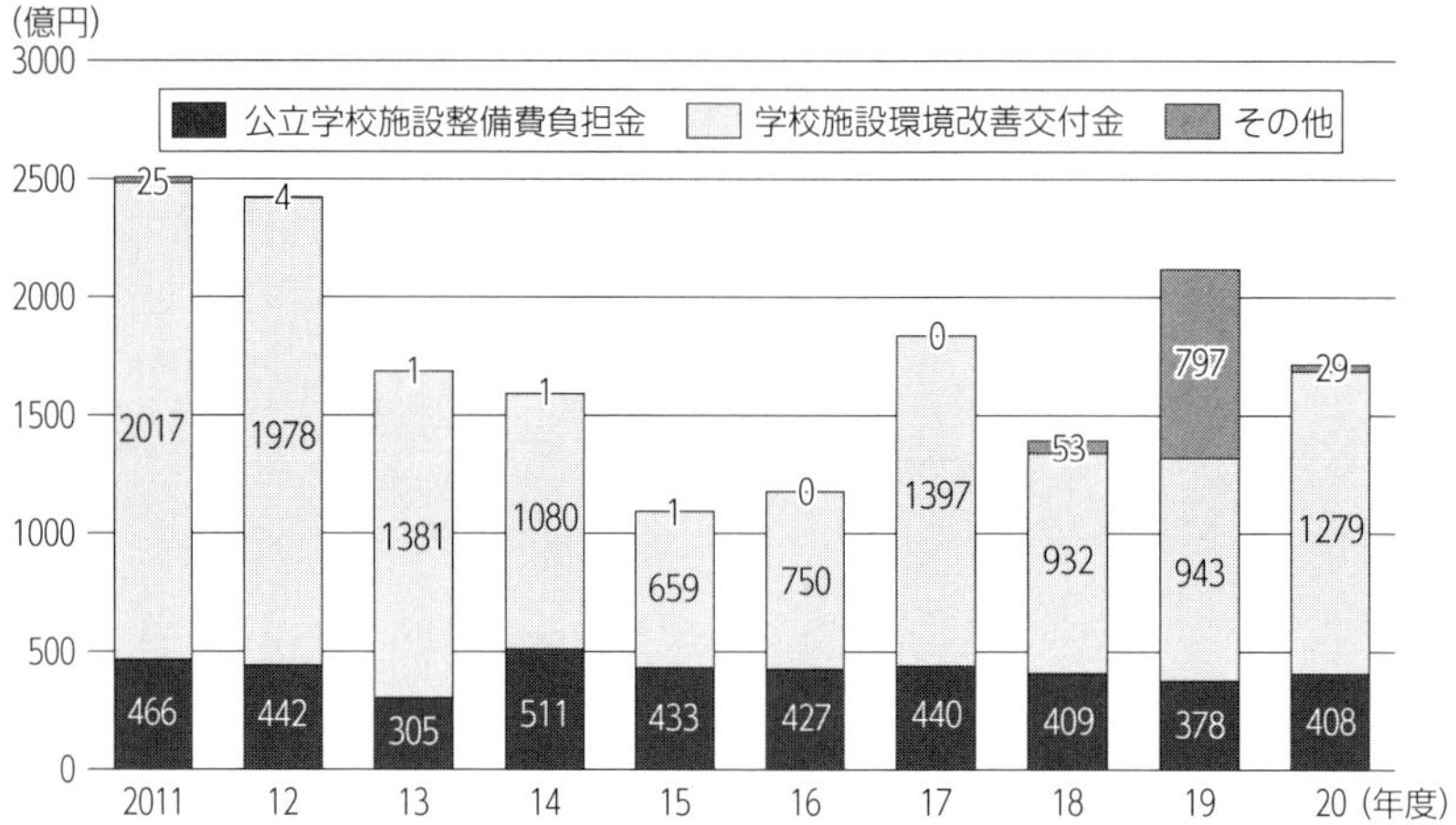

図4－2　公立学校施設整備費決算額の推移（2011年度～2020年度）

出所：財務省資料より筆者作成。

庫負担金です。原則2分の1国庫負担ですが、離島等は負担率5・5／10（離島小中学校の統合屋内運動場を除く）、沖縄は負担率8・5／10（小学校の統合校舎・屋内運動場については7・5／10）となっています。

学校施設環境改善交付金は小中学校等の長寿命化改良（3分の1補助）、大規模改造（3分の1補助）、学校統合に伴う既存施設の改修（2分の1補助。過疎地域等は5・5／10補助、沖縄は7・5／10補助）、学校体育諸施設整備（3分の1補助）、学校給食施設整備（新増築2分の1補助、改築3分の1補助）、地域・学校連携施設整備（3分の1補助）などに要した経費に対して交付されます。

図4－2は公立学校施設整備費の決算額をみたものですが、2011年度から2020年度にかけて公立学校施設整備費負担金については概ね横ばいで推移している一方、学校施設環境改善交付金につい

ては、２０１３年度から２０１５年度にかけて減少し、それ以降は増加傾向になっています。

国は公共施設の長寿命化を重視しており、自治体が策定した公共施設等総合管理計画も国のインフラ長寿命化計画の行動計画として位置づけられ、個別施設計画も個別施設ごとの長寿命化計画として位置づけられています。国の方針にもとづき文科省は、学校施設について、従来の40年サイクルの改築中心から80年サイクルの長寿命化改良（20年目と60年目の大規模改造と40年目の長寿命化改良によって80年で改築するモデル）への転換を推進しています。また、長寿命化改良事業は従来の老朽化対策として学校建物の損耗や機能低下に対する復旧措置としての大規模改造事業とは異なり、建物の耐久性を高めるとともに、現代的な学習形態に対応した機能向上を図るものとされています（文科省「公立学校施設における計画策定について」２０１８年4月、参照 URL: https://www.soumu.go.jp/main_content/000547693.pdf）。

以上のように、学校統廃合とともに学校施設の長寿命化事業が推進されていることを踏まえておく必要があります。

公立学校施設整備に対する国庫補助負担金の裏負担には主に学校教育施設等整備事業債が使われます。小・中学校等の新増築に対しては同事業債の充当率75％、交付税措置率70％となっており、財源対策債（充当率15％、交付税措置率50％）および2分の1国庫負担を併せてみれば、実質地方負担率は20％となっています。学校統廃合に係る改修事業においても同様のスキームが適用され、実質地方負担割合も20％となっています。長寿命化改良事業の実質地方負担率は26・7％、大規模改造事

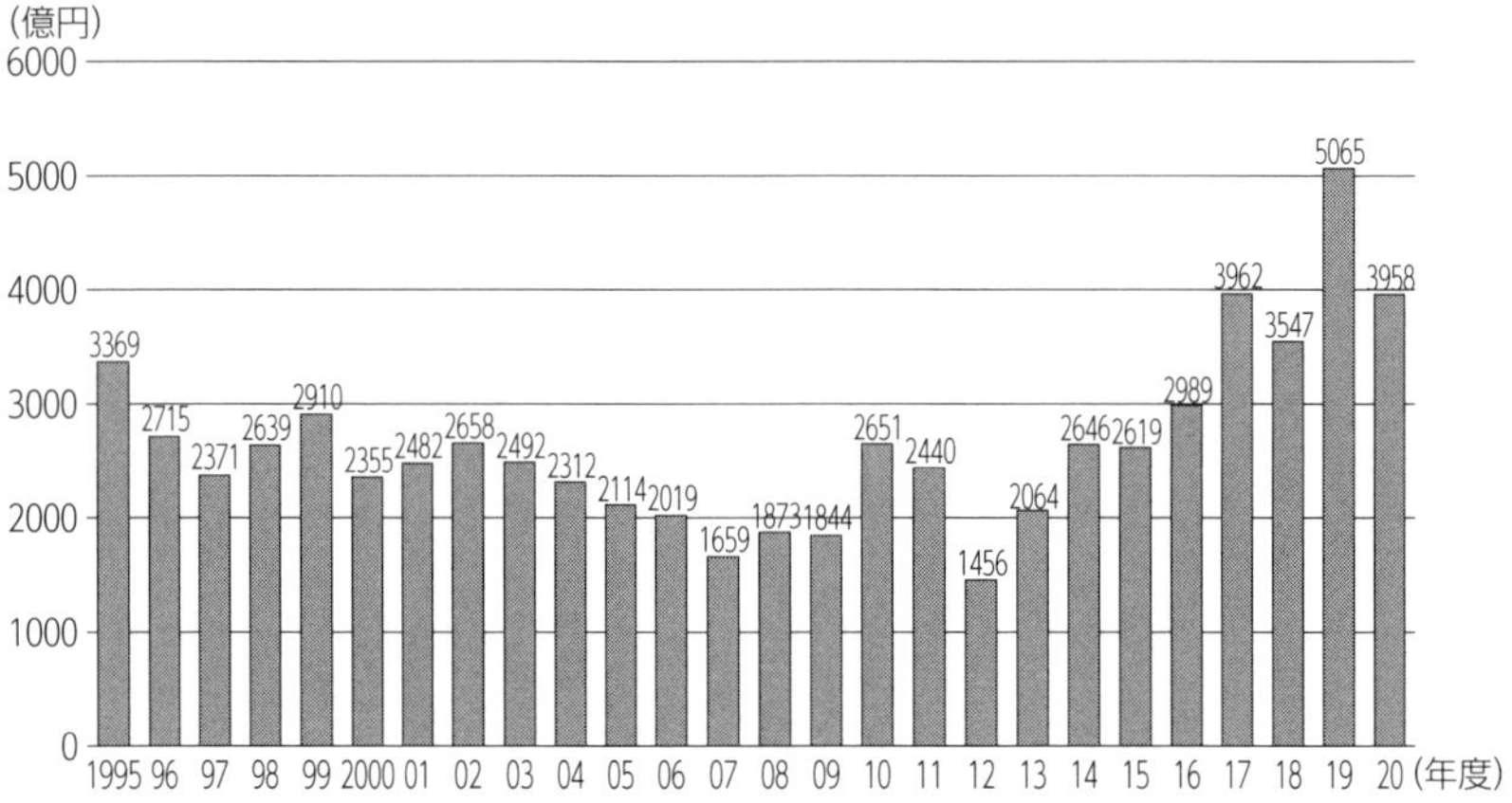

図4－3　市町村における学校教育施設等整備事業債発行額の推移

出所：総務省資料より筆者作成。

業の実質地方負担率は51・7％となっています。なお、過疎地域の小・中学校については過疎債（充当率１００％、交付税措置率70％）が使われることがあります。

また、先にみたように学校教育施設等整備事業債の他、２０１７年度以降は公共施設等適正管理推進事業債を活用することができるようになりました。公共施設等適正管理推進事業債の集約化・複合化事業分を使う場合、同事業債の充当率90％、交付税措置率50％となります。集約化・複合化事業については国庫補助を受けて行う事業を対象とすることができます。単独事業として公共施設等適正管理推事業債の長寿命化事業分を使う場合は、同事業債の充当率90％、交付税措置率42％～50％（財政力に応じる）となっています。

図４－３は市町村における学校教育施設等整備事業債の新規発行実績の推移をみたものですが、「平成の合併」のピーク期を過ぎた２００４年度以降は低下傾向にあったのが安倍政権下の２０１３年度以降、急激に

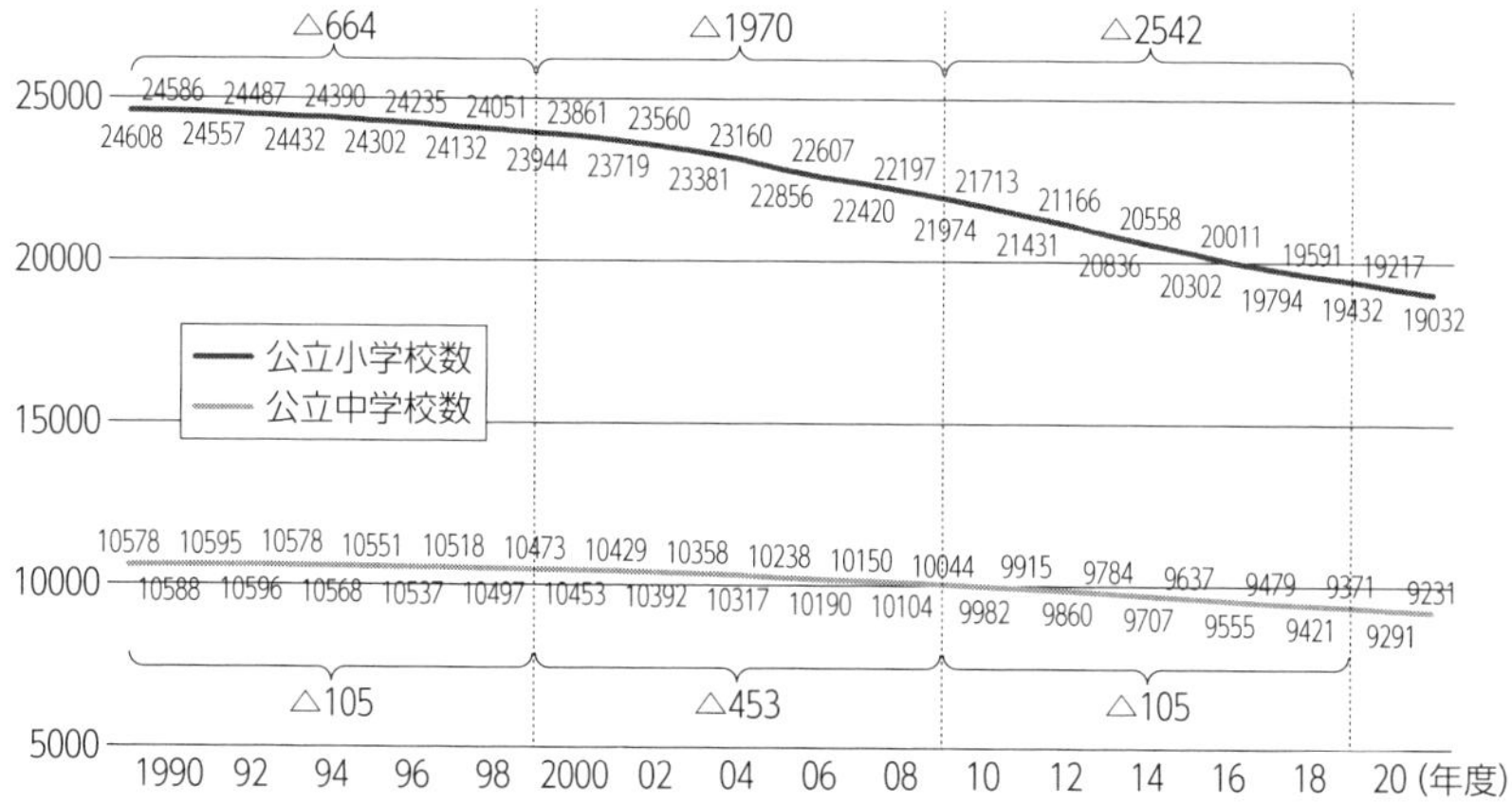

図4－4　公立小・中学校数の推移

出所：文科省資料より筆者作成。

増加し、2019年度には5000億円を超えています。この点は学校統廃合や小中一貫教育校の整備の増加が反映したものと推察されます。

(2) 公立学校と公共施設の推移と現状

平成以降の公立小学校数の推移をみると、1989年度から1999年度の10年間で△664（△2・7%）であったのが、「平成の合併」期にあたる1999年度から2009年度までの10年間では△1970（△8・2%）と学校数の減少が加速しています。

さらに2009年度から2019年度でみると△2542（△11・6%）とさらに加速しており、直近の2019年度から2021年度の2年間でも△400（△2・1%）と学校数の減少速度において高水準が続いています。公立中学校については小学校と比べると減少速度が緩やかですが、やはり近年減少速度が上がっています（**図4－4**を参照）。

公立学校の個別施設計画（長寿命化計画）の策定状況を調べた総務省行政評価局の「学校施設の長寿命化計画の策定に関する実態調査・結果報告書」（２０２０年12月）（66の市町村を対象としており、その多くは老朽化した学校施設を有する）によれば、学校統廃合等を検討している市町村のうち、検討途上にあるため長寿命化計画に学校統廃合等の内容を反映しないケースがか

表４－１　市町村の公立学校の延面積の推移（2011年度—2019年度）

（単位：m^2）

	小学校建物延面積	中学校建物延面積	義務教育学校建物延面積	高等学校（市町村）	中等教育学校	公立学校延面積計
2011年度	109,190,206	65,899,851	0	3,023,024	46,671	178,159,752
2019年度	106,703,828	65,547,557	866,132	3,021,884	114,872	176,254,273
変化率	-2.3%	-0.5%	皆増	0.0%	146.1%	-1.1%

出所：総務省資料より筆者作成。

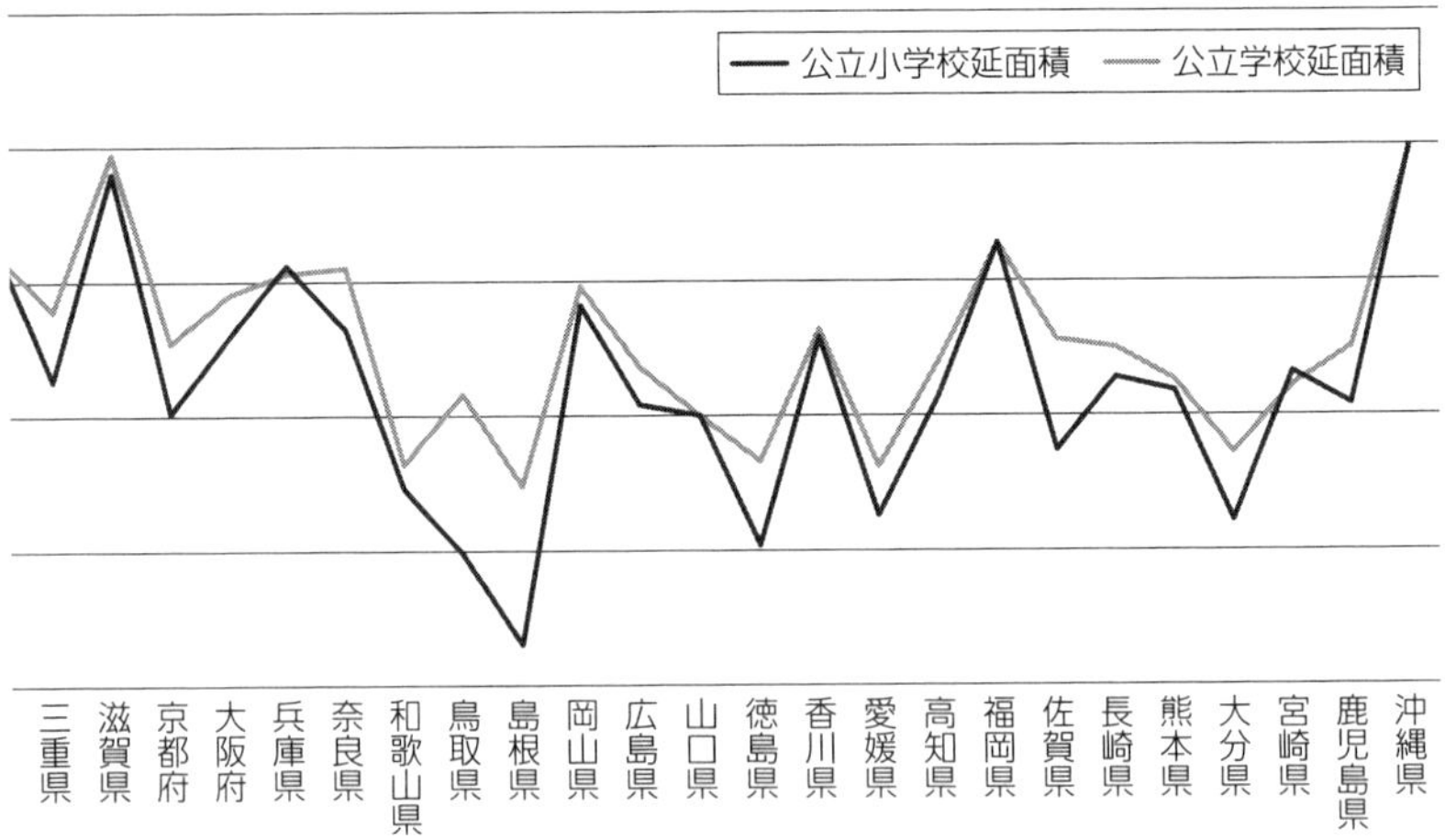

延面積の変化率（2011年度—2019年度）

なりあります。これらは、学校再編に対する熟議や地域住民との合意形成に配慮する自治体の状況や住民運動が活発な自治体の状況を反映したものとおもわれます。

表4－1は市町村の公立学校の延面積の推移をみたものです。2011年度から2019年度にかけて公立学校全体の延面積はマイナス1・1％となっています。公立小・中学校の延面積の変化を都道府県別にみると、地域的にかなり相違があることがわかります。過疎化が進んでいる鳥取県、島根県、秋田県、山形県などでは小・中学校の延面積の減少率が高い一方、岐阜県、滋賀県、沖縄県などでは逆に延面積が増加しています（図4－5を参照）。

表4－2は京都府内市町村における小学校建物延面積の推移をみたものですが、2011年度から2019年度にかけて大幅に延面積が減少して

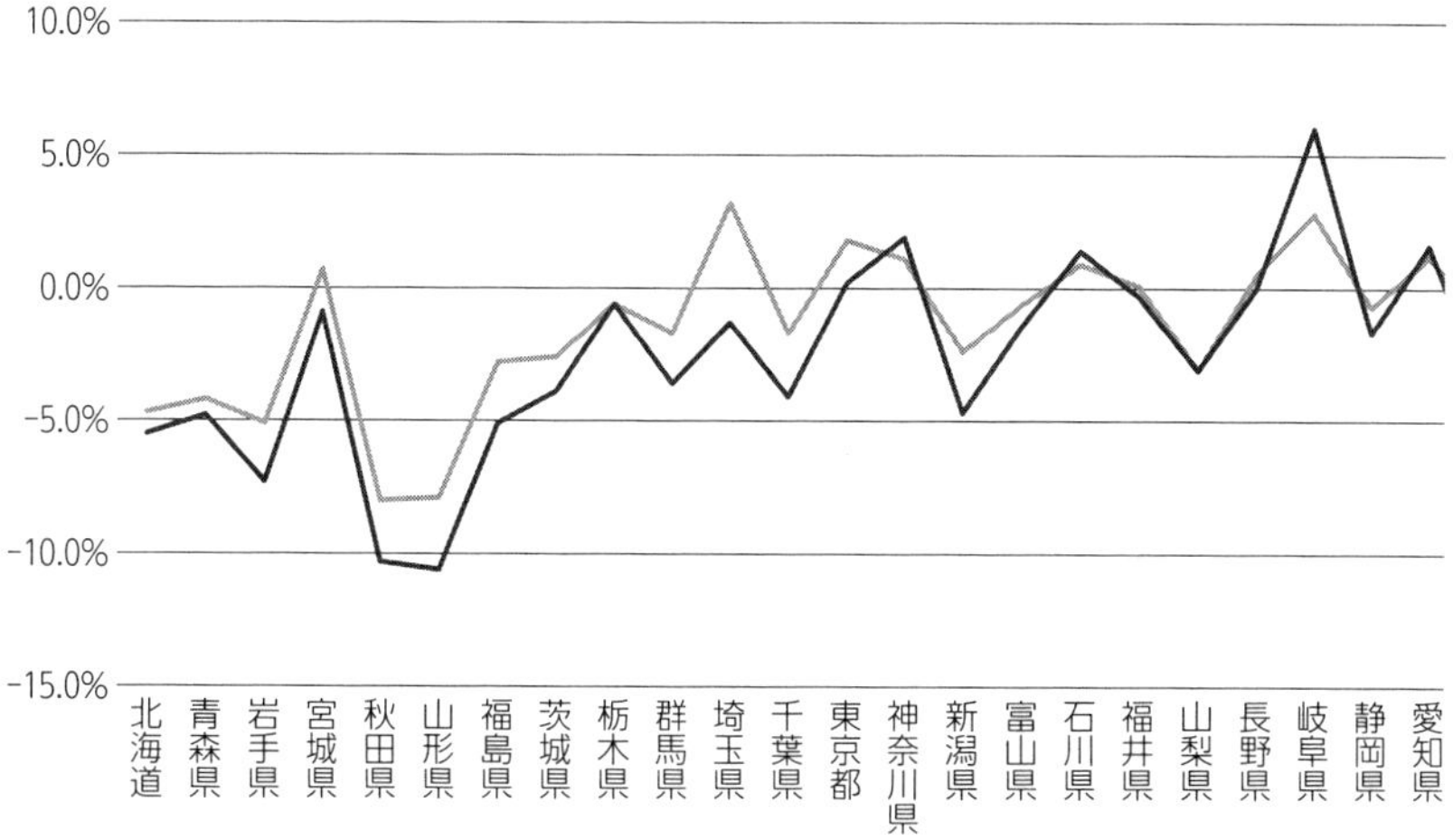

図4－5　都道府県別市町村の公立学校

出所：総務省資料より筆者作成。

表4－2　京都府内市町村における小学校建物延面積および
　　　　その行政財産に占める割合

	2011年度（m^2）	2019年度（m^2）	変化率	2011年度行政財産に占める小学校の割合	2019年度行政財産に占める小学校の割合
京都市	1,038,038	1,030,127	-0.8%	21.8%	21.4%
福知山市	97,184	63,491	-34.7%	21.2%	16.7%
舞鶴市	92,564	84,566	-8.6%	26.5%	26.5%
綾部市	41,336	37,806	-8.5%	20.4%	21.0%
宇治市	114,093	112,855	-1.1%	29.9%	29.4%
宮津市	32,457	22,697	-30.1%	24.7%	17.2%
亀岡市	81,914	74,716	-8.8%	28.2%	26.4%
城陽市	57,761	58,493	1.3%	34.5%	37.9%
向日市	38,838	38,510	-0.8%	37.0%	37.2%
長岡京市	59,044	66,772	13.1%	34.9%	39.0%
八幡市	70,895	73,747	4.0%	32.1%	32.9%
京田辺市	40,953	46,442	13.4%	29.3%	30.7%
京丹後市	112,830	79,359	-29.7%	28.3%	24.4%
南丹市	38,529	13,873	-64.0%	20.2%	7.1%
木津川市	75,937	84,077	10.7%	35.0%	36.3%
大山崎町	11,905	11,954	0.4%	28.2%	27.7%
久御山町	16,196	16,196	0.0%	28.1%	27.3%
井手町	8,269	8,269	0.0%	17.7%	17.8%
宇治田原町	8,915	8,915	0.0%	23.6%	24.9%
笠置町	0	3,171	—	0.0%	17.7%
和束町	0	0	—	0.0%	0.0%
精華町	33,302	35,391	6.3%	29.3%	29.5%
南山城村	5,565	0	-100.0%	39.5%	0.0%
京丹波町	24,402	24,331	-0.3%	20.3%	20.5%
伊根町	5,114	5,196	1.6%	15.7%	17.2%
与謝野町	32,774	32,774	0.0%	23.8%	23.1%
計	2,138,815	2,033,728	-4.9%	24.0%	23.4%

出所：総務省資料より筆者作成。

いる自治体があります（笠置町、和束町および南山城村の広域連合立の小学校はここには含まれていません）。特に減少率が大きい南丹市は平成の合併によって4町が合併した自治体です。9年間で64％も延面積を減少させており、行政財産（建物）の延面積に占める小学校の割合も2019年度には7・1％ときわめて低くなっています。南丹市では17の小学校がありましたが、2015年に10小学校が4校に統合され、さらに旧美山町の5小学校は2016年に1校に統合され、全体で7校になりました。福知山市も小学校の延面積がかなり減少しており、マイナス34・7％となっています。福知山市は平成の合併で4市町が合併した自治体です。小学校は2011年の27校が2019年には19校となり、さらに2021年には14校に減少しています（うち2校は小中一貫校）。なお、京都市の場合は2011年度以前においてかなりの学校統廃合を実施しており、そのため行政財産（建物）延面積に占める小学校の割合はすでに2011年度において21・8％と低くなっています。京都市では2011年度以降も学校統廃合が行われており、85校あった小・中学校（旧京北町の6小学校、1中学校を含む）が大半、平成以降の統廃合によって2021年4月現在には22校（小学校12校、中学校4校、義務教育学校6校）に減少しています（京都市教育委員会資料による）。

一方で、小学校の延面積が増加している自治体もあります。例えば長岡京市は10小学校を維持しており、統廃合を行っていません。

次に市町村の公共施設全体の推移をみておきましょう。**表4－3**は市町村の主な公共施設数の変化（2011年度～2019年度）をみたものです。施設数が急激に減少したのが市町村立保育所

数の変化（2011 年度～2019 年度）

公会堂・市民会館	公民館数	図書館数	博物館数	体育館数	陸上競技場数	野球場数	プール数	市町村立集会施設数
3,104	14,359	3,165	648	6,229	972	3,990	3,723	169,331
3,335	12,721	3,270	714	6,552	945	3,971	3,300	163,360
7.4%	-11.4%	3.3%	10.2%	5.2%	-2.8%	-0.5%	-11.4%	-3.5%

面積等の変化（2011 年度～2019 年度）

（単位：m^2）

公会堂・市民会館	公民館	図書館	博物館面積	体育館	陸上競技場敷地面積	野球場敷地面積	プール水面面積	市町村立集会施設
11,319,777	10,448,631	3,987,840	6,224,057	15,191,202	25,012,423	65,287,652	1,980,075	13,959,325
12,059,815	9,349,965	4,375,183	7,972,796	15,675,241	22,635,252	63,930,121	1,737,933	14,372,920
6.5%	-10.5%	9.7%	28.1%	3.2%	-9.5%	-2.1%	-12.2%	3.0%

のもの

延面積の変化（2011 年度～2019 年度）

（単位：m^2）

公営住宅	公園（建物）	その他公共用財産（建物）	山林（建物）	その他（建物）	計	普通財産（建物）	公有財産（建物）計
90,862,490	7,428,365	138,121,695	0	2,864,228	460,821,020	16,527,237	477,348,257
94,080,976	7,640,786	142,496,228	1,126	1,961,308	466,365,413	20,779,217	487,144,630
3.5%	2.9%	3.2%	皆増	-31.5%	1.2%	25.7%	2.1%

（△25・６%）と市町村立幼稚園（△45・４%）です。また、公民館（△11・４%）、プール（△11・４%）、児童館（△４・１%）なども減少しています。

次に市町村の主な公共施設（建物）の延面積の変化（２０１１年度～２０１９年度）をみると、市町村立保育所（△18・７%）と市町村立幼稚園（△30・１%）は減少しており、認定こども園を合わせた全体でも△10・３%

表4－3　市町村の主な公共施設

	公営住宅等戸数	市町村立保育所数	市町村立幼稚園数	市町村立認定こども園数	保育所・幼稚園・認定こども園数計	支所・出張所数	児童館
2011年度	1,446,142	11,254	5,826	170	17,250	5,369	4,595
2019年度	1,442,191	8,370	3,182	1,240	12,792	5,243	4,406
変化率	-0.3%	-25.6%	-45.4%	629.4%	-25.8%	-2.3%	-4.1%

出所：表4－1に同じ。

表4－4　市町村の主な公共施設建物延

	市町村立保育所	市町村立幼稚園	市町村立認定こども園	保育所・幼稚園・認定こども園計	本庁舎	支所・出張所	職員公舎	児童館	隣保館
2011年度	8,141,321	3,601,340	227,532	11,970,193	13,185,365	5,990,875	1,154,324	1,890,930	561,167
2019年度	6,617,255	2,518,589	1,602,691	10,738,535	14,419,295	6,192,864	940,766	1,912,027	530,460
変化率	-18.7%	-30.1%	604.4%	-10.3%	9.4%	3.4%	-18.5%	1.1%	-5.5%

注：2011年度の公民館・図書館・博物館・陸上競技場・野球場およびプールの数値は2012年度
出所：表4－1に同じ。

表4－5　市町村の公有財産（建物）の

	行政財産（建物）							
	本庁舎	消防施設	その他行政機関施設	小学校	中学校	義務教育学校	高等学校	中等教育学校
2011年度	16,785,947	5,423,440	21,175,103	109,190,206	65,899,851	0	3,023,024	46,671
2019年度	18,086,238	6,002,232	19,842,247	106,703,828	65,547,557	866,132	3,021,884	114,872
変化率	7.7%	10.7%	-6.3%	-2.3%	-0.5%	皆増	0.0%	146.1%

出所：表4－1に同じ。

となっています。その他に減少しているのが職員公舎（△18・5%）、公民館（△10・5%）、プール（水面面積、△12・2%）、陸上競技場（敷地面積、△9・5%）などとなっています。一方、市町村の本庁舎（9・4%増）、博物館（面積、28・1%増）、図書館（9・7%増）など面積が増加している施設もあります（表4－4を参照）。

表4－5は市町村の

公有財産（建物）の延面積の変化をみたものです。先にみたように公立学校の延面積は全体としてやや減少していますが、公有財産（建物）全体としてはむしろ増加しています。

個別に見れば、公共施設の総量削減を実現した自治体がある一方、全体として市町村の公共施設総量削減が進んでいません。それゆえに今後、総量削減目標を達成するために大ナタを振るおうとする動きが強まることが予想されます。そのなかでも、これまで先行して公共施設再編を進めてきた市町村において公立学校、公立保育所、公立幼稚園、公民館などが大きく削減されてきたことをみれば、これから公共施設再編を本格実施する自治体においてもこれらの公共施設がターゲットになるおそれがあります。

4　学校統廃合、複合化と民間化・ＰＦＩの展開

学校統廃合への動きが強まるその一方、学校統廃合への地域住民の抵抗の強いところでは、学校存続を認めつつ、他の公共施設の機能を学校に集約し、複合化を図っていく動きが強まってくるでしょう。

文科省は２０２２年度予算案において学校施設の複合化・集約化における補助率を引き上げました（１／３→１／２）。補助率の引き上げは学校施設の集約・複合化に対するインセンティブの強化になります。学校施設の複合化や地域開放などが公共施設の総量削減ありきで進めば歪んだ方向に

動くおそれがあります。

最近の学校統廃合においては、大規模な学校整備と合わせて他の施設を集約し、複合化する計画事例が出てきています。こうした集約化・複合化を伴う学校統廃合においては民間事業者への依存が強まるケースが出てきます。なかでも公共施設の整備にあたってPFIを優先的に検討することが義務付けられていることから、PFIを導入するケースがみられます。学校が統合され、さらに複合化されることは事業者にとって収益源となる期待が高まることを意味します。

しかし、PFIの発祥国であるイギリスではすでにPFIはコスト高であることなどから終了しています（榊原・大田他2021、参照）。では日本におけるPFIはコスト高にならないのでしょうか。

日本版PFIにおいては、VFM（Value For Money）従来型公共事業と比べた費用対効果の大きさの算出方法の恣意性が問題です。特に、PFIの場合、従来型の個別発注方式と比べて、利益・配当等や利子率の上振れの分だけコストがかかる構造になっているため、設計・建設費や運営費がそれを上回って低減されなければVFMがプラスになりません。そこで、PFIのコスト計算においては、割引率の過大設定やコスト削減率10％の機械的設定によってPFIのVFMが必ずプラスで算出されるようになっています（図4-6を参照）。しかしながら、こうした理論値は必ずしも実態に合っているとはいえません。会計検査院の報告書でも割引率設定の問題点、コスト高、サービス提供の不備などが指摘されています（会計検査院2021、参照）。会計検査院の報告書は国のP

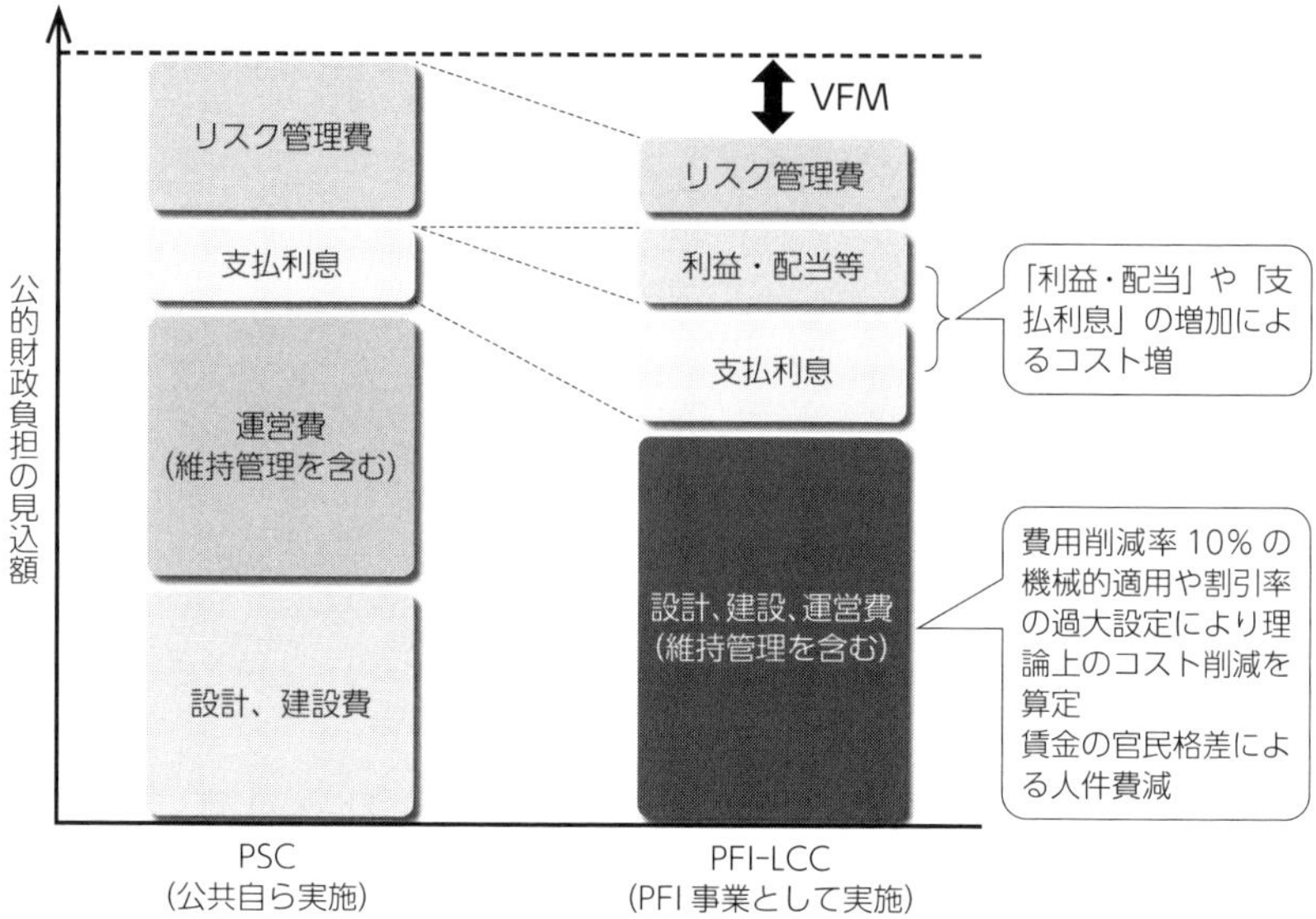

図4－6　PFIにおけるVFMのイメージ図

出所：内閣府資料をもとに加筆。

ＦＩが対象ですが、地方におけるＰＦＩにおいても同様の問題があると推察されます。また、同一労働同一賃金が徹底しているイギリスと異なり、日本においては官民の賃金格差が存在することからＰＦＩの場合は運営コストが従来方式と比べて低くなることがありえます。しかし、最低賃金を盛り込んだ公契約条例を制定している自治体の場合は、従来型と比べてＰＦＩの場合の賃金は大きく変わらないことになります。

ＰＦＩ等は設計・施工・運営を一括した性能発注をとるため、民間企業の裁量幅が大きくなり、民間企業グループによるプロポーザルによって施設整備の具体的な中身が決まってきます。ＰＦＩと指定管理者制度によって学校関係者や住民によるコントロールが効きにくくなります。

公民連携と称して学校施設の管理権を首長部局に移したうえで民間委託やＰＦＩなどを進めようという動きには注意が必要です。南（２０２１）では学校施設の複合化・集約化の推進とともに、学校施設の管理権を校長の責任から切り離すことや包括業務委託などを提案しています。

公共サービスの産業化の一つに包括業務委託があります。個別業務ごとの委託と比べ包括業務委託は企業にとっては効率的であり、旨みがあります。また、企業にとっては業務委託とともに指定管理や人材派遣を含む包括業務委託の契約を実現すれば、さらに利益を得ることができます。こうした包括業務委託の背景には、自治体はコア事業に専念し、ノンコア事業は民間企業が包括的に担う形の公民連携の行政運営を行うことをよしとする考え方があります。

こうした動きは教育の自治を掘り崩す危険性を孕んでいます。学校施設のあり方については、市民社会の主人公を育てる教育機関とその施設の役割を発揮するという基本に立ったうえで、学ぶ権利を保障するための自治を維持・拡充する視点に立つことが求められます。

5　公共施設総量削減と学校施設再編の論理を超えて

政府の公共施設の総量削減政策とそれに伴う財政誘導策が地域の公共施設計画に歪みをもたらすことに対して、自治体は無批判にその執行機関に成り下がってはなりません。自治体においては、まずもって政府の画一的な総量削減策や財政誘導に応じるのではなく、地域にとって必要な公共施設のあり方を追求しなければなりません。地域にとって必要な公共施設を維持しながら財政負担を軽減するには長寿命化が基本となります。物理的に公共施設の更新が必要な場合には、人口減少地域においてはダウンサイジングを検討することもポイントになります。公立学校については、長寿命化を基本としつつも、建替えが必要な場合には生徒数の減少に対応して学校施設規模の縮小を検討することが考えられます。

内閣府による社会資本ストック推計（2018年3月、内閣府資料）では、2015年度の社会資本の維持管理・更新費9兆円が2054年には16兆円（1・75倍）に増加すると推計しました。内閣府による189団体の公共施設等総合管理計画の分析によると、長寿命化はインフラ・公共建築物の両者を対象としており、大きな削減効果があるとしています。一方、統廃合等による施設縮減の全体に対する削減率は一定程度にとどまるとしています（189団体の削減率24％のうち、長寿命化20％、施設縮減4％）。

公共施設の長期的なシミュレーションにおいては法定耐用年数だけでなく、経済的耐用年数や物理的耐用年数を考慮することが大切です。実際には、経済的耐用年数や物理的耐用年数は法定耐用年数より長いことから、それらを考慮した長寿命化対策による効果が期待できます。

さらに検討すべきことは、公共施設を一律の基準で評価することの問題です。日本建築学会（2015年）では、ファシリティ・マネジメントによる評価として、①建物評価（耐震、老朽化度、バリアフリー度）、②コスト評価（管理運営費、修繕費、減価償却費）、③サービス評価（利用ニーズとの整合性、サービス提供方法の適正性）といった評価項目があげられています。ここには公共性の基準（優先順位）は示されていません。

公共施設の評価においては一律な評価項目によって機械的に評価すべきでなく、公共性の基準（序列）の観点からの評価が必要です。その際、公共施設の施設としての側面とともに、機関のための施設であるという観点がきわめて重要です。公立学校であれば、施設の再配置という問題である以上に学校という機関の改編という問題であり、学校教育機関としての観点からの慎重な検討が求められることは言うまでもありません。さらに、それに加えて地域における学校の役割について、学校関係者や生徒・父母のみならず地域コミュニティのなかでの熟議が求められます。

一方、財政縮減の観点から新たな合意形成の手法によって公共施設の総量削減を実現しようとする考え方もあります。その一つとして、財務省の審議会である財政制度等審議会の財政制度分科会（２０２１年10月11日）において紹介されたものがあります（**資料４－２**を参照）。その内容について地方財政担当主計官による説明は以下のようなものです。

「…東洋大学の根本祐二先生の研究からの御紹介になりますが、合意形成の手法として、スマートフォンを使って地域の匿名住民投票を行う。これによって集団の中での自分の立ち位置が分かる。声高に叫んでいる人でも少数派であるということもあるでしょう。あるいは、公民館を廃止しますかと、それだけ聞けば皆反対なのですが、他方で、学校・スーパー・ガソリンスタンドなど身の回りの施設の中で何が重要ですかと聞くと、大体公民館は下位に来る。相対的なプライオリティーが

◆合意形成の手法　　　　　　　　　　　　　　（東洋大学根本祐二教授の研究より）

・スマートフォンを使った匿名投票により、地域住民の意見を可視化。冷静な議論の土台として活用が期待。

（効果）

①ポジショニング効果：集団の中での自分の立ち位置を確認できる。

集団を代表して声をあげているつもりが、実際は少数派だったといった、客観的な自分のポジションに気づくことができる。

②プライオリティ効果：参加者自身の中で、複数の選択肢の優先順位が存在していると気付けるようになる。

公民館統廃合の賛否だけを聞けば反対でも、学校・スーパー・ガソリンスタンドなど複数の中からもっとも困るものを選択する問に変えると、スーパー・ガソリンスタンドの廃止の方が困るとして、公民館を選択する人はほぼいなくなる。

それだけ取り上げれば反対　→　他と選択することで反対がなくなる

資料4－2

出所：財政制度等審議会・財政制度分科会（2021年10月11日）に財務省が提出した資料より抜粋。

明らかになります」（議事録を引用）

ここでは公民館が例として取り上げられていますが、学校についても同様の手法がとられることも考えられます。しかし、このような手法で誘導するのは違和感があり、以下の点を考慮する必要があります。

第一に、公共施設の総量削減の根拠となる財政シミュレーションと財源不足見通しに関わる問題です。公共施設の位置づけや財源措置は一律ではなく、例えば公立学校であれば、先にみたようにその新増築・改築等に対する国庫補助負担制度があります。また、学校の経常経費については地方交付税において小・中学校については学校数・学級数・生徒数を測定単位とした財源保障の仕組みがあります（表4－6を参照）。それゆえ、農山村の小規模自治体においても公立学校を

表4－6　市町村の教育費に係る単位費用（2022年度）

	測定単位	単位費用(円)
小学校費	児童数	45,000
	学級数	893,000
	学校数	11,573,000
中学校費	生徒数	42,000
	学級数	1,113,000
	学校数	10,148,000
高等学校費	教職員数	6,545,000
	生徒数	75,700
その他の教育費	人口	5,640
	幼稚園等の子どもの数	715,000

道府県の教育費に係る単位費用（2022年度）

	測定単位	単位費用(円)
小学校費	教職員数	6,041,000
中学校費	教職員数	5,943,000
高等学校費	教職員数	6,666,000
	生徒数	59,300
特別支援学校費	教職員数	5,597,000
	学級数	2,198,000
その他の教育費	人口	3,380
	高等専門学校及び大学の学生の数	211,000
	私立の学校の幼児、児童及び生徒の数	305,540

出所：総務省資料より筆者作成。

維持できるのです。こうした点を十分に踏まえる必要があります。

第二に、ナショナルスタンダードな行政水準に対する国の財源保障責任についての議論が抜け落ちている点です。国において地方の公共施設の公共性と国の財源保障責任を検討しないままで総量削減を推進するのは順序が違います。

第三に、スマートフォンを使った匿名投票で複数の選択肢の優先順位をつけるという手法は、住民による学習と熟議という民主主義や住民自治の本質を踏まえたものとはいえません。特に各公共施設それぞれの役割についての深い理解と熟議のプロセスが抜けています。例えば公民館施設は本来的には社会教育施設として社会教育機関としての公民館の拠点となるものです。地区公民館はコミュニティの基盤であるとともに、地域課題を学習・研究し、それを実践的に解決していく住民自治力をつけていく仕組みなのです。

第四に、人口減少下における公共施設の維持管理・更新のあり方において、長寿命化やダウンサイジングといった廃止・統廃合以外の選択肢を示す必要があります。

以上のような問題点からみれば、このような公共施設統合への合意形成の手法の提案は、財政削減を優先し、地方自治と民主主義の本質を貶める術策に過ぎないことがわかります。地方自治の原則である住民自治を保障し、育むという視点や自治体の本質としての地域共同体の自治についての理解にもとづいた合意形成のプロセスが求められます。

参考文献

・朝岡幸彦・山本由美編著『「学び」をとめない自治体の教育行政』（コロナと自治体　5）自治体研究社、2021年。
・安達智則・山本由美編『学校が消える！　―公共施設の縮小に立ち向かう―』旬報社、2018年。
・岡田知弘『「自治体消滅」論を超えて』自治体研究社、2014年。
・岡田知弘『公共サービスの産業化と地方自治』自治体研究社、2019年。

・榊原秀訓・岡田知弘・白藤博行編著『「公共私」・「広域」の連携と自治の課題』（地域と自治体第39集）自治体研究社、２０２１年。
・榊原秀訓・大田直史・庄村勇人・尾林芳匡『行政サービスのインソーシング―「産業化」の日本と「社会正義」のイギリス―』自治体研究社、２０２１年。
・佐藤学『第四次産業革命と教育の未来―ポストコロナ時代のＩＣＴ教育―』岩波書店、２０２１年。
・白藤博行・岡田知弘・平岡和久『「自治体戦略２０４０構想」と地方自治』自治体研究社、２０１９年。
・中山徹『人口減少と公共施設の展望―「公共施設等総合管理計画」への対応―』自治体研究社、２０１７年。
・日本建築学会編『公共施設の再編―計画と実践の手引き―』森北出版、２０１５年。
・平岡和久「公共施設縮減の現局面と学校再編・統廃合」『住民と自治』２０２２年2月号。
・平岡和久『人口減少と危機のなかの地方行財政―自治拡充型福祉国家を求めて―』自治体研究社、２０２０年。
・増田寛也編著『地方消滅―東京一極集中が招く人口急減―』中公新書、２０１４年。
・南学編著『ポストコロナ社会の公共施設マネジメント』学陽書房、２０２１年。
・山本由美『小中一貫・学校統廃合を止める―市民が学校を守った―』新日本出版社、２０１９年。
・山本由美「学校統廃合の新局面と教育論を無視したその問題性」『住民と自治』２０２２年2月号。
・渡辺繁博「埼玉に見る学校統廃合の現段階と市民の運動」『住民と自治』２０２２年2月号。
・会計検査院「国が実施するＰＦＩについて」２０２１年5月。
・公立学校施設法令研究会『公立学校施設整備事務ハンドブック―令和3年―』第一法規、２０２１年。
・内閣府政策統括官（経済財政分析担当）「公共施設等改革による経済・財政効果について―学校等の公共施設の集約・複合化による財政効果試算、公共サービスの「ソフト化」―」２０１７年8月。

＊本稿は、以下の既出論文をもとに大幅に加筆・修正したものです。
平岡和久「公共施設縮減の現局面と学校再編・統廃合」『住民と自治』２０２２年2月号

第5章

「子ども」と「地域」を無視した学校統廃合

1

埼玉県◎埼玉における学校統廃合の特徴と問題点、対抗の視点
――子どもを大切にしないまちに未来はない

渡辺繁博

埼玉県では、大規模な公共施設統廃合計画がつくられ、各地で住民の反対運動が広がっています。ここでは、埼玉県下の学校統廃合の特徴と問題点を明らかにし、対抗の視点について考えます。

1　公共施設等総合管理計画で市町村支援のモデル事例となった埼玉県

埼玉県下の学校施設計画が教育的視点や地域への影響などが検討されないまま、面積とコストの削減だけが独り歩きする乱暴な統廃合計画になっているのには大きな背景があります。

埼玉県は、総務省が公共施設等総合管理計画の策定を要請する通知を全国の自治体に発した2014年4月22日の1年前、2013年4月に「埼玉県市町村公共施設アセットマネジメント推進会議」（議長～県企画財政部市町村課長、委員～県下市町村のアセットマネジメント主管課長と東洋大学PPP研究センター長）を設置し「アセットマネジメントの取り組みを支援することにより、一

定の行政サービスを維持しつつ、長期的な財政負担の削減を図る」として県主導の取り組みを推進してきました。

推進会議の設置要綱に示された「所掌事務」は、①アセットマネジメントに取り組む市町村の情報共有、②市町村、東洋大学、県の連携による課題解決策の検討、③アセットマネジメントに関するノウハウの蓄積、④公共施設等総合管理計画の実践に取り組む市町村へのノウハウの提供、⑤アセットマネジメントに関する情報発信、の5つで、「公共施設等総合管理計画の実践的な取り組みについて詳細な検討を行うため、推進会議にアセットマネジメント実践検討部会」も置き、推進会議委員の東洋大学PPP研究センターの根本祐二氏をはじめ有限監査法人トーマツや㈱日本経済研究所、㈱日本政策投資銀行などのコンサルタントが毎回、講演やアドバイザー役を務めてきました。

その内容は、「PFIについては学校だけではコストメリットが出にくいため、子育て関連施設・公民館・地域開放施設等と複合化することや複数の学校をまとめて発注することでスケールメリットを働かせる方法が考えられる」「計画には、長寿命化を実施するというような実現できないような事項はのせるべきではない」「論点の設定が重要。集約化するかどうかではなく、〝統廃合については行政が判断するが、集約化した施設をどんな施設にしたいか〟という提起の方が建設的」（推進会議議事録より）など、市町村担当者の行政内部の調整や住民対応などに関するノウハウについて詳細に助言されています。特に学校施設の統廃合計画は中心テーマになっており、この会議で助言者的な役割を持った関係者が市町村の計画策定について深く関与してきました。埼玉県の取り組みは、公共施設マネジメントやＰＰＰ・ＰＦＩ事業で内閣府や総務省政策の推進役となっている地域総合整備財団〈ふるさと財団〉の「都道府県による市町村支援」のモデル事例として取り上げられています。

2　根本祐二氏の公共施設アセットマネジメント標準モデル

「埼玉県市町村公共施設アセットマネジメント推進会議」を主導してきた東洋大学ＰＰＰ研究センター長の根本祐二氏は２０１５年2月の会議で、「公共施設等総合管理計画のための標準モデル」について講演しています。

その内容は、「公共施設は縦割りで管理され、全体最適を志向する体制になっていないので標準的な考えのモデルを明確に提示して進めなければならない」として、次のようなモデルを示しました。

① 幼稚園、保育所、学童保育室、高齢者福祉施設、公営住宅、小規模スポーツ施設、集会所等はソフト化（民間移管）

② 学校施設は統廃合（小学校、中学校とも２３５人以下は統廃合。近接小中学校は大きな方に一貫校化し、特別教室、管理諸室、体育館、プール等の共用化で規模を縮小）

③ 集会・会議室、音楽室、調理室、図書室、図工室等は共用化

④ 大型ホール、総合運動施設、中央図書館等は広域化

⑤　保育所、学童保育室、高齢者福祉施設、地区図書館、地区公民館等はソフト化とともに多機能化

さらに、横断的基準として、以下の5点を挙げています。

㋐　更新施設はＰＦＩ、既存施設は指定管理者制度を導入

㋑　施設等の維持管理は包括的に民間委託

㋒　学校跡地等は民間に売却・賃貸

㋓　有償施設、上下水道、有料道路等は利用料の引き上げ

㋔　市民負担を見直し、最終的な資金過不足に応じて世帯当たり負担を明示

埼玉県下の公共施設再編、学校統廃合・小中一貫校計画の多くは、総務省の「公共施設等総合管理計画の策定要請」通知が市町村に発せられる前から東洋大学ＰＰＰ研究センターの根本祐二氏や、総務省政策の具体化を推進する民間コンサルタントの長期にわたる関与によって、公共施設面積とコストの削減、公務サービス産業化の推進を基本に置くというゆがみを抱えるものとなりました。

3　子どもが減っても増えても統廃合・小中一貫校推進

埼玉県下の多くの自治体は、将来的な子どもの減少を理由に大規模な学校統廃合・小中一貫校の計画を明らかにしています。熊谷市では、現在の小学校30校、中学校16校を２０５５年の計画期間

中に小学校19校、中学校10校に、久喜市では小23校、中11校を小14校、中7校、義務教育学校1校に、また、上尾市では小22校、中11校を小11校、中7校、小中一貫校2校に統廃合するとしています。いずれも文科省がしめす標準規模（小学校、中学校とも12学級～18学級）を基準とした統廃合計画になっています。

嵐山町では、小学校3校と中学校2校を小中一貫校にまとめる新校建設計画が進んでいます。鴻巣市、三郷市、毛呂《もろ》山町、寄居町、宮代町などでも学校統廃合・小中一貫校計画が推進されています。

一方、さいたま市や越谷市では、子どもの増加に対応した施策として統廃合と大規模小中一貫校整備計画が推進されています。さいたま市では、再開発による高層マンション建設で人口が大きく増加した武蔵浦和駅周辺地域では4つの小学校と1つの中学校が27学級～44学級といずれも文科省は解消が望ましいとしている「大規模校」「過大規模校」になっていくことから、小学校、中学校の新設が地域や議会で求められていました。ところがさいたま市は、解消すべき過大規模校・大規模校を統廃合し、5つのユニット（大里校舎1～4年生800人、内谷《うちや》校舎1～4年生800人、沼影新校舎5～9年生2000人を3ユニットに分割）からなる3600人の巨大義務教育学校を整備する計画を進めています。1学年11～12学級、9学年で100学級を超える超マンモス校です（**図5－1－1**参照）。

越谷市でも、越谷レイクタウン周辺の小学校が1500人を超える過大規模校になることを理由

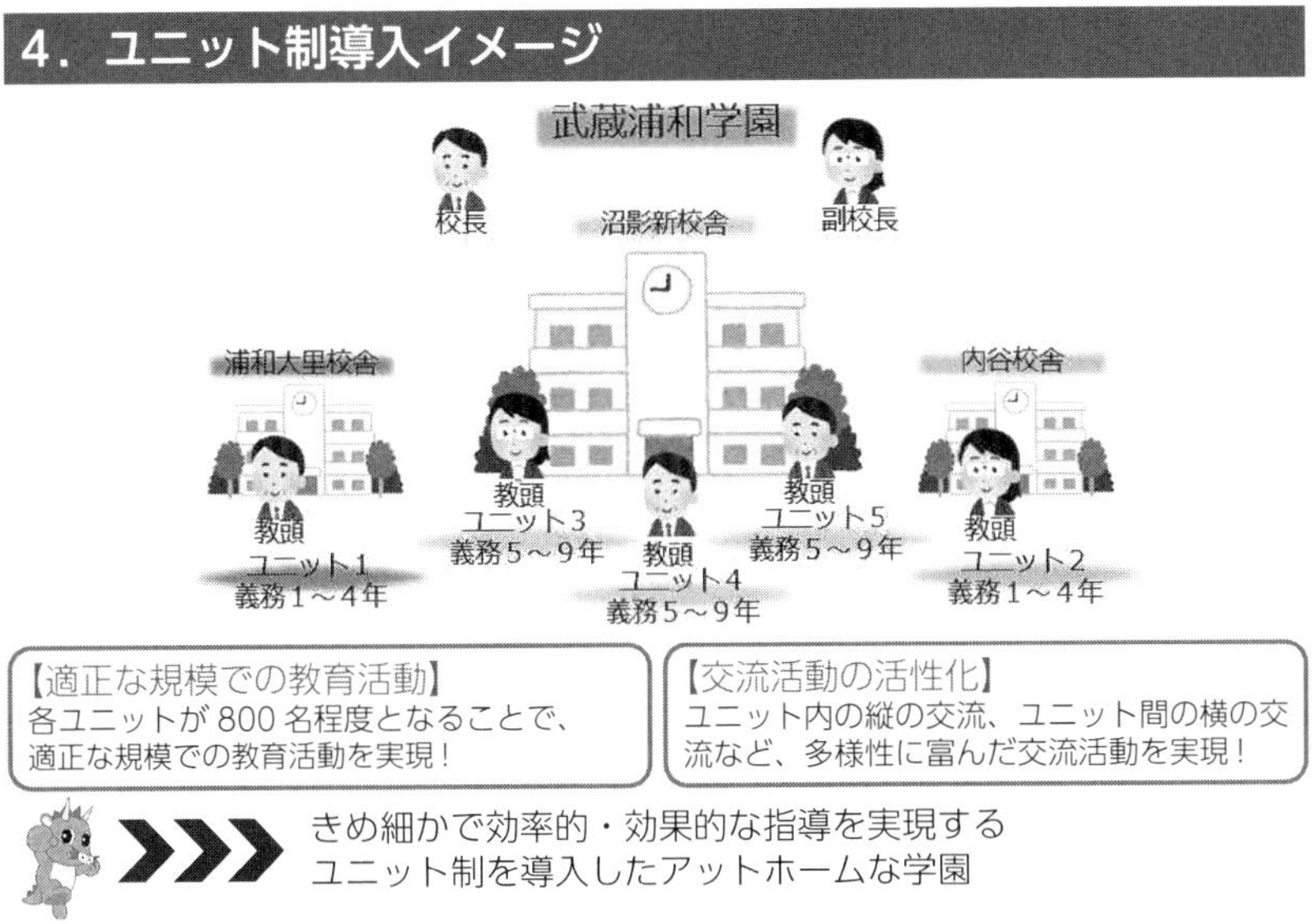

図5－1－1　さいたま市武蔵浦和学園構想

出所：さいたま市教育委員会HPより。

に、周辺小中学校の統廃合を通じて3つの小中一貫校を整備する3学園構想が進められています。

人口が減っても増えても学校統廃合・小中一貫校の推進という政策は、教育の視点や住民にとっての安心快適な地域づくりという視点のないコスト削減だけが目的の計画であることを示しています。

4　各地の状況と市民の運動

熊谷市

熊谷市では、学校統廃合だけでなく自校調理方式の給食を廃止し給食センター化、公立保育所の統廃合・削減、地域公民館の統廃合と生涯活動センターへの集約など面積で43％、費用で40％削減という目標を掲げての大規模再編となっています。有限監査法人トーマツが住民説明会を取り仕切り説明者を務めるなど、民間コンサルタント主導による地域再編政策が推進されており、住民は、「熊谷市公共施設統廃合問題を考える会」を設立（会員7団体70名）し、署名活動や市長選挙での公開質問状、市長との懇談会などに取り組んでいます。また、自校給食を守りたいと「熊谷の子どもの食と未来をつむぐ会」が設立されるなど、それぞれの施設を守りたい幅広い住民との連携が模索されています。

熊谷市は、平成の大合併で1市3町（熊谷市、大里町、妻沼《めぬま》町、江南町）が合併しましたが、合併後も市の周辺部となった3町では、いち早く学校を廃校にした地域は目立って人口が減少しています。熊谷市の公共施設アセットマネジメント計画は、学校に限らず、すべての公共施設を大幅に削減するものであり、人口減少を理由にして更なる地域の衰退、人口減を加速することになる計画です。「学校や保育所、社会教育施設が身近にない地域に人は住まない」との視点で、市民運動の更なる発展が目指されています。

上尾市

上尾市は、公共施設に占める学校施設の割合が63％と県下で最も高いことから、総合管理計画の35％削減目標達成の成否を決める課題として学校施設を位置づけ、「ふるさと財団」のモデル事業として申請し、建設大手コンサルタント「八千代エンジニアリング」に業務委託して学校更新計画を策定しました。

計画策定の前段で、秘書政策室から「民間活力でコスト削減をアピール」すべきと指示され、複合施設化、体育館、プール、給食の民営化などＰＦＩによる民間資金活用の方法も検討することが当初から想定されていました。学校の適正規模を小学校18学級５４０人以上、中学校15学級５２５人以上とする根拠のない独自基準を設定し、小学校12学級２４６人未満、中学校９学級２４６人未満を許容できない規模として統廃合計画が作られています。計画の地区別説明会では、どこの会場でも計画に対する批判や疑問が噴出し、説明した教育委員会は、納得いく説明ができないまま「皆さんのご意見は持ち帰りしっかり検討させていただきます」という答えに終始しました。

こうした状況に対して「上尾の学校統廃合計画を考える市民連絡センター」が結成され、市議会を巻き込んでの大きな市民運動が発展しています。市民連絡センターは、山本由美先生を招いての学習会の開催、統廃合の重点地域となっている５つの地域に学校統廃合を考える地域センターを立ち上げ、計画を知らせる地域ビラ宣伝（表面共通・裏面地域毎の記事）に取り組み、ＰＴＡ、自治会、学校関係者、住民に呼びかけ、超党派の地元市会議員との懇談会や学習会を開催するなど地域密着の粘り強い活動を進めています。

こうした運動もあって、議会の全員協議会で市の説明に批判と疑問が続出し、市は「実施計画」を見送り、教育委員会の議案も取り下げました。これを機に、議会の中に学校統廃合計画に関する調査特別委員会が作られ、４回目の特別委員会で市長は「計画の凍結」を表明、「35％削減にとらわれず見直す」「地域説明会の意見で、学校規模が大きくなりすぎること、通学距離が遠くなることとなどから学校再編案はゼロベースで見直す」として、２０２３年度までに市民や関係者の意見を聞いて再検討し新たな計画を提示することになりました。今、上尾の市民連絡センターは、計画見直しに関する学校関係者、市民の意見集約の方法や、継続して教育委員会で検討されているプール授業の一部民間委託や自校方式で行われている小中学校給食業務の見直し問題で、教育委員会との懇談や要望書の提出、市議会や教育委員会の途切れることのない傍聴などを精力的に取り組んでいます。また、５つの地域センターがそれぞれ地元議員や町内会役員、まちづくり団体役員なども参加する学習会や意見交換会を継続的に開催しています。

鴻巣市

鴻巣市では、市内19校の小学校のうち9校を統廃合し2校の小学校と1校の小中一貫校にする計画に対して、最初に廃校となる予定の笠原小学校の問題をめぐって地域ぐるみの住民運動が取り組まれています。笠原地区では、「笠原小がなくなれば、この地区に子どもを持つ若い世代は住まず、やがては高齢者だけの過疎地になり、住民の交流もない将来見通しのない地域になってしまう」「先祖の供養さえままならなくなってしまう」などの意見が噴出、２０１６年4月に「笠原小学校を守り育てる会」を設立し、７８０世帯の地区で会員６００名の地域ぐるみの参加となりました。会が取り組んだ学区内全世帯アンケートは、回収率が80％を越え、廃校反対が83％、廃校になれば地域が衰退する73・６％となり住民の圧倒的多数が反対であることが明らかになりました。こうした中で市長は「自分が現職の間は、笠原小は廃校にしない」と会との懇談の席上では表明しましたが、議会などではあいまいな答弁に終始しました。この後、2018年の通学区域審議会で笠原小の廃校に反対を表明した笠原小校長が他校に人事異動となり、さらに2020年からは笠原小入学予定児童保護者に対して「スクールバスを出すから中央小への入学を」と教育委員会が笠原小の廃校をしゃにむに進める実力行使が始まりました。会の抗議に対しても「保護者の合意」を盾に笠原小の自然廃校の道を進めています。今後は、対象地域だけの問題でなく、全市的な学校教育施設、公共施設問題として運動の輪を広げ、鴻巣市の将来を展望したまちづくりを課題として位置付けて全市的な市民の議論を呼び掛けていくことになっています。

嵐山町

嵐山町では、3校の小学校と2校の中学校を統合し、小中一貫校1校に統合する「適正規模等基本計画」に対して、この問題を町民に知らせみんなで考えるため「コロナ体験後の嵐山町の教育を考える会」を2020年に発足させ運動が取り組まれています。町民の運動を受けて、町議会にも「一貫校新設調査特別委員会」が設置されました。町は、2020年6月に一貫校開校の実務を担う「新校開校準備委員会」を設置し、11月には、校名校歌校章の公募を開始、町民は「学校統合の話はもうそんなところまで進んでいるのか」「まちで学校が一つになったら通学はどうするの」「スクールバスは出るの」など疑問や怒りの声で大騒ぎになりました。議会特別委員会は、山本由美先生を講師に学習講演会を開催するとともに議会報告会や意見交換会を各地域で開催しましたが、ここでも町民の不安や疑問、怒りが噴出しました。こうした議会や町民の状況から、町長は議会全員協議会の場で計画の白紙撤回を表明、「この問題は、教育の範囲を超え、地域の在り方やまちづくりの問題になる。いったん立ち止まり、原点に戻って議論し直す。小中一貫校の方向性もいったん白紙に戻しゼロベースで再検討する。多くの町民に5年後、10年後『あの時に立ち止まってよかった、再考してよかった』と思ってもらえるよう真摯に取り組んでいく」と発言しました。

２０２1年、町は「小中学校再編等審議会」を設置し、児童生徒の減少と学校設備の老朽化に対応する「将来を見据えた学校の在り方」について諮問、２０２3年3月までに答申をまとめることになりました。

この審議会が最初に行った町内5校の学校見学は、これまで2年間の学校統廃合・小中一貫校計画の流れを一挙に逆転させることになりました。屋上防水シートの破断と雨漏り、軒天井の剥落、いまだに和式が主流でしかも劣化し汚いトイレ、プールを使用できるのは5校中2校のみなどあまりにもひどい状況に審議委員は絶句、審議委員18名中9名が保護者だったこともあり、この見学が「一貫校でも何でも早く建て替え改修ができる方がいい」という雰囲気をつくる一因になりました。見学後最初の審議会では、「待ったなし、一刻も早くスピード感をもってとにかく建て替え、前の計画通り再来年先行統合で3～4年後に新しい一貫校を」の声が溢れました。直後の意見交換会では、一貫校早期建設の大合唱となり、予算の関係で各校修繕は無理として統合・一貫校計画が再浮上しました。

考える会は、引き続き教育的視点から学校規模や一貫校について学習・検討するとともに、学校施設のひどい現状をどうするか（トイレの水洗化率県内平均57％に対して嵐山は30％台）を待ったなしの課題として、財政シミュレーションなども行い改修と統廃合を分けて考えられる状況をつくる努力を進めることにしています。

5　子どもと地域を中心とした先進的な取り組み

公共施設等総合管理計画をめぐる埼玉県下自治体の状況は、先に挙げたひどい事例だけではありません。地域の特性をしっかり把握し、自治の視点からその自治体の顔をした公共施設政策を進めている自治体もあります。

滑川町

滑川町では、小規模小学校（滑川町立福田小学校～単学級で児童数130人）を統廃合せず地域の核として存続することを決めています。滑川町は、2011年に「子育てナンバーワン」を町の最重点政策に掲げ、給食費（保育所、幼稚園、小・中学校）の無償化、18歳までの医療費無償化政策を県内最初に導入しており、2020年の国勢調査でもこの5年間に人口は8・1％増加で県内

第５次滑川町総合振興計画（基本構想）

○まちづくりの目標：住んでよかった　生まれてよかったまちへ　住まいるタウン滑川

滑川町教育大綱

○基本理念：豊かな心と文化を育むまちづくり

・基本方向１：社会の変化に対応し、町の特徴を生かしながら、町全体で未来を担う子どもを育む教育を推進する。

・基本方向２：一人一人が生涯を通して、「ひと」「まち」がつながり合う学びを推進する。

重点方針１　町全体で子どもを育む教育の推進
重点方針２　滑川町ならではの資源を生かした多様な教育機会の創出
重点方針３　子どもの豊かな学びを支える教育環境づくり
重点方針４　誰もが社会で活躍できるための学びの保障

図５－１－２　滑川町教育大綱体系

出所：滑川町 HP より。

1位、全国でも12位の増加率です。合計特殊出生率も２０１５年１・82（埼玉県１・39）、２０１９年１・54（埼玉県１・27）と県内１位となっています。

教育の考え方として〝町の子どもは町が育てる〟〝学校が好き、滑川が好きな子どもになってもらいたい〟という決意と願いは町長と教育委員会は完全に一致しています」と滑川町教育委員会事務局長は語っています（図５－１－２）。学校施設の整備・改修なども中学校１校と小学校３校で偏りが出ないよう順番に工事を行い、子どもたちの教育環境がどの学校も平等になるよう気を配っています。また、英語教員の配置や県の施策による教員加配などでも、規模の大小、学年の違いにかかわらず平等の扱いになるよう、町独自の加配も行っています。

地域の核としての学校を地域からなくすことはできないとして、小規模学校には子育て支援センターなどの子育て関連施設を併設し、地域の拠点施設としての機能を高める努力も行っています。また、児童一人一人に目が届くきめ細やかな指導ができることや個々の子どもの役割や活動の場が保障されやすいなどの小規模学校のメリットを生かして、学区を超えて小規模校を希望する児童などにはスクールバスで送迎することなども検討しています。

北本市

北本市では、統廃合による小規模校の廃校を議会に提案した際、市が当事者である子どもの意見を聞いてなかったことを一つのきっかけに、市議会に「子どもの権利に関する特別委員会」が設置され、1年以上にわたる全議員参加の研修や議論を重ね、また議会として子どもや教育関係者の意見聴取やパブリックコメントなどを行い、2022年3月議会で「北本市子どもの権利に関する条例」を全会一致可決しています（コラム参照）。

6　県下自治体の動向からみえてくる公共施設再編・学校統廃合に対抗する視点は

第一に、バックキャスティングによる長期計画の問題点を明確にすることです。公共施設計画は現状のままの制度や政策、社会が続くことが前提で作られる長期計画であり、現状の欠陥や問題点を隠し、「将来のために今は我慢」を押し付ける計画になる可能性が大です。

多くの自治体が、1980年から40年以上も続いてきた学級編成基準（40人学級）が2055年までの計画期間中ずっと変わらないことを前提に計画をつくってきました。コロナ禍を経て、35人学級が始まり計画の見直しが必要になりましたが、35人という基準さえ今後30年以上も変わらないことなどありえません。児童数と学級数の関係、教室の面積や必要数などが社会の動向や時代の要請に対応して変わっていくことを見据えた柔軟な計画が必要です。

第二に、住民の暮らしと権利に直結する公共施設の在り方は、地方自治法第1条の2にある「住民の福祉の増進を図ることを基本として、地域における行政を自主的かつ総合的に実施する役割を広く担うものとする」という自治体の本質的役割が問われる課題だということです。健康の社会的決定要因に着目した今日の健康政策の到達点は、高齢者の定期的な身体活動、文化活動、地域活動の場と機会を保障する地域環境づくりが健康長寿と医療費の社会的負担軽減実現の課題になっています。また、学校教育、社会教育を通じた知力・体力・創造力を持ち、連帯する心と技術を身に着けた市民の形成こそ地域と国、世界の未来を作る力です。それぞれの自治体が、地域の特性と行財政運営の理念を基本にした自主的・総合的な検討を市民の英知を結集して進める必要があります。個々の公共施設が果たしている多面的な役割を総合的に評価し、ある分野の出費や支出が、他の分野の利益や収入につながっているという「クロスセクターベネフィット」の視点で、考える必要があります。

第三に、嵐山町の事例が示しているように、公共施設に関する現状の問題点が放置されていれば、統廃合でも何でもいいから新しい施設にしてほしいという要求が前面に出てきます。計画策定中でも、公共施設の必要不可欠な改善は進めなければなりません。自治体の性質別経費の維持補修費をもっと増やして、日常的な予防保全メンテナンスを拡充することが必要です。

第四に、学校統廃合問題の取り組みを通じて痛感したのは、行政や議会から「地域社会の未来を担う子どもを無条件に大切にする」という気風が失われているのではないかという感覚です。この学校統廃合・小中一貫校問題で最も影響を受ける子どもの意見や願いを聞くことなく計画がすすめられるとしたら、1994年に日本政府が批准した「子どもの権利条約」は何だったのかということになります。子どもを「保護の対象」から「権利の主体」として位置づけ、「差別の禁止」、「児童の最善の利益」、「生存及び発達の権利」、「意見表明権」という4つの基本原則を掲げた条約の理念は、日本で生きているのだろうかと思ってしまいます。

自治体の事業や政策の基本に「地域、国、世界の未来である子どもを大切にする」という合意がなければいけないのではないか。公共施設問題をつうじて、北本市議会のように、「子どもを大切にしないまちに未来はない」を合言葉に、埼玉県下のすべての自治体で「子どもの権利条例」制定を進めたいと考えています。

第五に、公共施設等総合管理計画に基づく公共施設再編、学校統廃合・小中一貫校づくりは、人口の過少見積もり、更新費用の過大見積もり、自治体版地方創生総合戦略・人口ビジョンと矛盾した計画、予防保全メンテナンスによる長寿命化努力の欠如、適正規模と言いながらこれを無視した大規模校化、40年の計画なのに学級・学校の規模や避難所の数と質、少子高齢化対応、健康寿命など社会の動向、時代の要請による課題を無視していることなど、共通した欠陥を持っています。公共施設面積と更新費用の削減が独り歩きする計画は、住民の願う地域の将来像と大きく乖離します。地域の暮らしを将来にわたって豊かにイメージすることができれば計画への疑問と批判が多くの住民の合意になります。地域生活者であり、納税者であり、施設の利用者である主権者としての市民が、声を上げ、学び、地域の未来を考える機会として公共施設と学校の再編問題に取り組みましょう。

コラム

北本市子どもの権利に関する条例（案）の概要

第1章　総則

○定義…子ども、保護者、子ども関係施設、市民、事業者、虐待、体罰等、いじめについて定義します。子どもは「18歳未満の者又はこれらの者と等しく権利を認めることが適当である者」とします。

○基本理念…次の(1)～(5)を基本理念として規定します。

(1)子どもの生まれ育った環境及び家族の状況並びに人種、国籍、障がいの有無等にかかわらず、差別されないこと。

(2)子どもの最善の利益が最優先に考慮されること。

(3)子どもの生きる権利が認められ、成長及び発達が可能な最大限の範囲において確保されること。

(4)自己に影響を及ぼす全ての事項について意見を表明することができ、その意見がその子どもの年齢及び発達度に応じて、十分に尊重されること。

(5)子どもは権利の主体であり、その権利を行使することができ、行使に必要な支援を受けられること。

○役割…市、保護者、子ども関係施設、市民は、子どもの権利を保障しなければなりません。

○きたもと子どもの権利の日…11月20日をきたもと子どもの権利とします。（国連世界子どもの日）

第2章　子どもにとって大切な権利

子どもの権利を4つの分類に分けて示しました。この章に定める権利は、子どもが成長し、発達していくために大切な子どもの権利として保障されます。また、子ども同士や大人との間でお互いの権利を尊重し合えるよう、必要な支援を受けることができます。

安心して生きる権利
- 命が守られ、尊重される
- 愛情・理解をもって育まれる
- あらゆる差別・不当な扱いを受けない
- あらゆる形の身体的・精神的な暴力を受けない、放置されない・健康に配慮がなされ、適切な医療が受けられる
- 平和で安全な環境の下で生活ができる
- 困っていること・不安に思っていることを相談できる

自分らしく育つ権利
- 個性が認められ、人格が尊重される
- 遊んだり、休んだりする
- 年齢や理解度に応じて学ぶ
- 芸術・文化・運動・自然に親しむ
- 自己に関係することについて、必要な助言、情報の提供その他の援助を受け、年齢・発達度に応じて自分で決められる
- 地域・社会の活動に参加する
- 安心して過ごすことができる居場所が確保される

守られる権利
- あらゆる権利の侵害から逃れられる
- あらゆる搾取から守られる
- 子どもであることを理由に不当な扱いを受けない
- 自己の意思や考えが尊重される
- 自己に関する情報が不当に収集され、利用されない
- 誇りを傷つけられない

参加する権利
- 自己の意見を表明することができ、その年齢・発達度に応じて意見が尊重される
- 意見を表明するために、必要な助言、情報の提供その他の援助を受けられる
- 仲間をつくり、集まる

第3章　生活の場における子どもの権利の保障

○家庭における権利の保障
- 保護者は子どもの最善の利益を考慮し、子どもの成長・発達度に応じた養育に努めてください。
- 保護者は、子どもが権利を行使する際には、子どもの最善の利益を確保するため、年齢・発達度に応じた支援に努めてください。
- 保護者は、子どもの言葉、表情、しぐさなどから子どもの思いを受け止め、尊重してください。
- 保護者や子どもの同居人は、子どもに虐待、体罰等をしてはいけません。
- 保護者は、子どもの養育に当たって、市から必要な支援を受けることができます。

○子ども関係施設における権利の保障（学校、保育所、認定こども園、幼稚園、学童保育室、放課後等デイサービス、学習塾など）
- 子どもが安心して安全に自分らしく育ち、学び、活動できるよう、環境の整備に努めてください。
- 子どもの最善の利益を考慮し、年齢・発達度に応じた適切な支援に努めてください。

・施設の行事・運営についての意見表明・参加の機会の確保に努めてください。
・子どもに対して、虐待や体罰等をしてはいけません。また、施設におけるいじめの防止に努め、いじめが発生した場合には、関係する機関と連携して、子どもの権利の救済・回復に努めてください。
・施設の職員に対し、子どもの権利に関する研修の機会を設けるよう努めてください。
・子ども関係施設が、子どもの権利を保障する活動に対して、市は必要な支援に努めます。

○地域における権利の保障
・市民・事業者は、地域の中で子どもを見守り、子どもが安心して自分らしく過ごすことができるよう努めてください。
・市民・事業者は、地域の行事・運営についての意見表明・参加の機会の確保に努めてください。
・市民・事業者は、子どもに虐待や体罰等してはいけません。
・事業者は、従業員が安心して子どもを養育できるよう、十分な配慮及び支援に努めてください。
・市民・事業者が子どもの権利を保障する活動に対して、市は必要な支援に努めます。

第４章　子どもの権利に関する基本的な施策等

市が行う子どもの権利に関する基本的な施策について、次のとおり規定しています。

普及啓発	子ども・市民が子どもの権利を正しく理解し、子どもがその権利を行使し、権利侵害があった場合には速やかに相談できるよう、普及啓発をします。子ども関係施設等における子どもの権利に関する自主的な学習等を支援します。子どもの権利擁護に職務上関係のある者に研修等の機会を提供します。
意見表明等機会の確保	子どもが市の施策に意見を表明する機会や、ボランティア活動・国際交流活動など社会参加する機会の確保に努めます。意見表明や参加しやすくなるよう支援します。
きたもと子ども会議	市の施策について子どもの意見を求めるため、きたもと子ども会議を設置することができます。会議は子どもが主体で、市長に意見を提出でき、市長はその意見を尊重します。
虐待・体罰等・いじめの防止等	虐待防止、いじめ防止等の取組を実施します。市の子ども関係施設における体罰等を禁止し、その他の子ども関係施設における体罰等の防止に努めます。虐待・体罰等の被害者が通報・相談しやすい環境の整備に努めます。
配慮を要する子どもと保護者への支援	特別な配慮が必要な子どもの現在・将来がその生まれ育った環境によって左右されることのないよう、その子どもと保護者に対し必要な支援を行います。特別な配慮が必要な子どもを把握するために、必要に応じて調査・訪問等を実施します。

育ちの支援	子どもの成長・発達のための体験・交流、芸術的・文化的な活動、運動・余暇の利用を促進します。子どもが安心して過ごせる場を確保します。子どもが必要かつ適切な医療・福祉・教育を受けられるよう子ども・保護者を支援します。

第5章　子どもの権利の救済及び回復

権利の侵害を受けた子どもが気軽に相談することができ、権利の侵害から救済するための機関として『北本市子どもの権利擁護委員』を設置します。

○子どもの権利擁護委員の目的

権利の侵害を受けた子どもに、迅速かつ適切に対応し、権利侵害からの救済を図り、権利の回復を支援します。

○子どもの権利擁護委員の体制

・擁護委員は3名以内。弁護士・大学教員・社会福祉士など子どもの権利に関し優れた識見を有する者から、議会の同意を得て市長が委嘱します。

・市や市教育委員会からの独立性を尊重した機関とします。

・委員の他に常勤の相談員を置きます。相談員は子どもの代弁者（アドボケイト）として、子どもの気持ちや思いをていねいに聴くとともに、子どもの主体性を尊重し、能力が最大限発揮されるよう、必要な助言その他の援助を行います。

○相談・支援の流れ

・相談は、窓口、電話、SNS（LINE など）などでできるようにします。相談員がていねいに話を聴き、相談者に助言をしたり、希望により相手とお話ししたりします。

・相談で解決しない場合には、申立て又は委員の発意により、擁護委員が調査・調整を行い、必要に応じて是正勧告や意見表明、是正要請を行います。

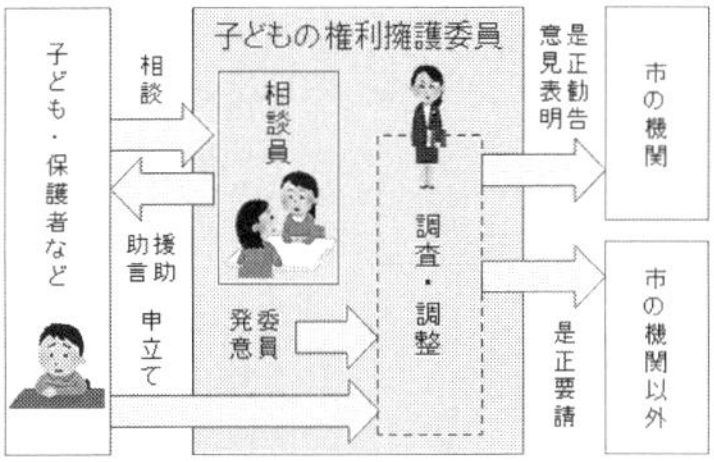

第6章　子どもの権利に関する施策の総合的な推進

○市として、子どもの権利を保障するためには、現状を分析して、課題を解決するための施策を計画に定め、目標を立て、きちんと保障できているのか検証し、改善を図っていく必要があります。

○子どもの権利の保障に関する施策を総合的かつ計画的に推進するため、『北本市子どもの権利に関する行動計画』を策定します。計画の策定・修正に当たっては、子ども・市民、子どもの権利委員会の意見を聴くこととしています。

『北本市子どもの権利委員会』

・子どもの権利に関し優れた識見を有する者、子ども・市民計10人で構成します。

・行動計画に関すること、子どもの権利に関する施策の実施状況に関することなどを調査、審議し、市長に報告、提言します。

出所：北本市 HP より。

2　高知県●四万十市立下田中学統廃合
――子どもの「教育・人権・命」より大学誘致を優先してよいのか

有原陽子

1　はじめに――四万十市下田の特徴

四万十市は、人口約3万2000人。高知県の西南にある地方都市です。山間部の旧西土佐村と、小京都と言われ賑わった「中村」を含む旧中村市が合併して四万十市となっています。四万十川がこの市内を雄大に流れ、太平洋へ流れ込む河口になる場所が「下田」です（図5－2－1）。

下田は、幕末、明治から昭和初期にかけ、薪炭や材木を江戸や関西等へ船で運ぶ玄関口として大変栄えていました。その地域性によるものか、多くの偉人（体育の宮畑虎彦、書の山崎大砲、絵画の中島敬朝、島村小弯、小児医学の弘田長）等を輩出しています。黒潮の流れと、四万十川の特徴である汽水域による漁業や、特産物（すじ青のり）など独自の文化を育み、河口付近や川沿いには

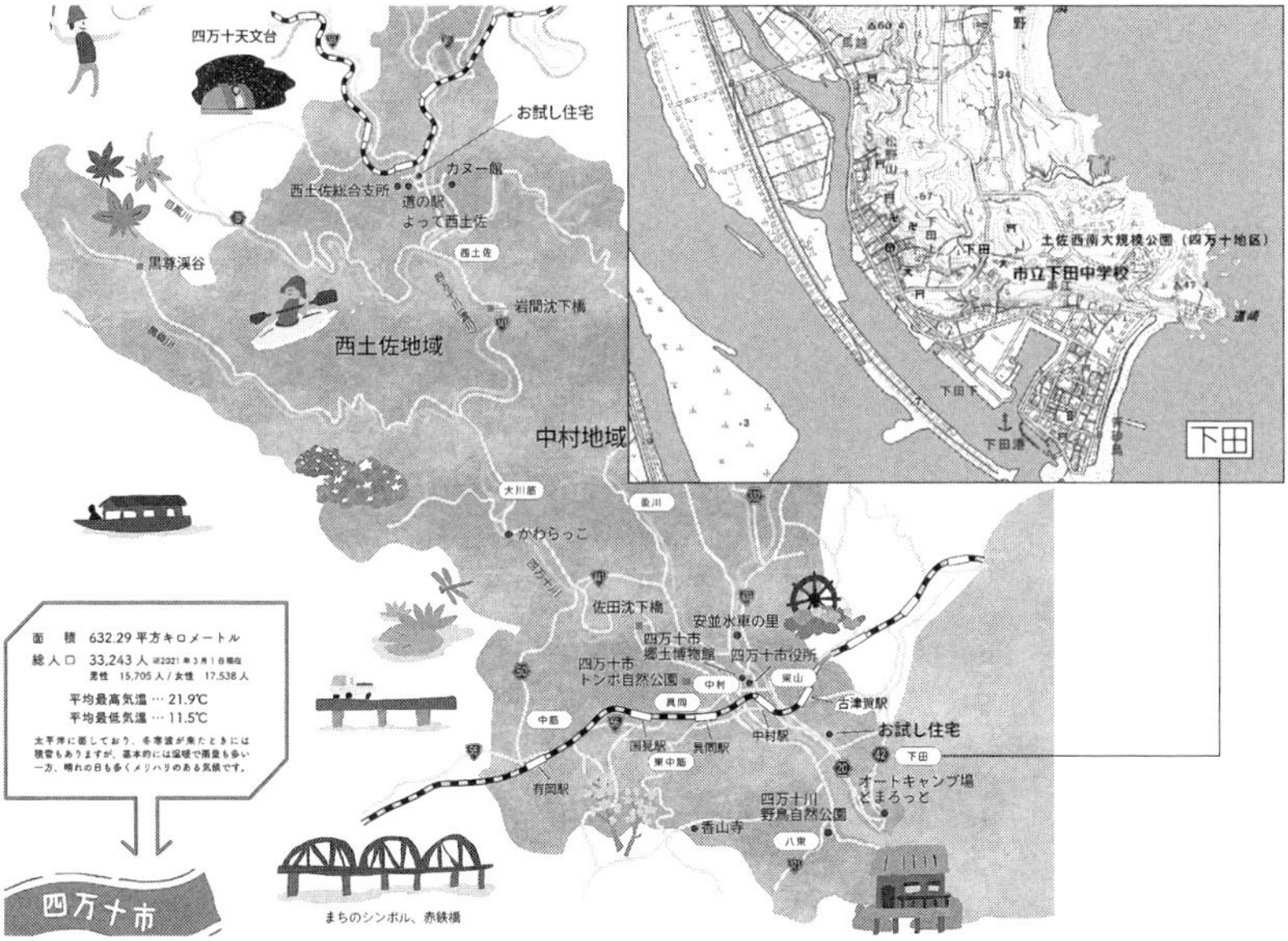

図 5－2－1　四万十市と市立下田中学校の概要図

出所：四万十市ウェブサイト「移住支援パンプレット 2020 年版」及び国土地理院地理院地図より作成。

家が密集しています。

岩盤が隆起した安全な高台には、観光施設のキャンプ場や、温泉宿泊施設、県営大規模公園などがあります。中村の中心から車で約20分、豊かな自然が残っています。温暖な気候と海、川、山のフィールドが魅力的で四万十市でも一番移住者の多いのがここ下田地域です。

教育環境としては、保育所・小学校が低地に隣接しており、中学校が高台（2022年3月末まで）にあります。南海トラフに備えて、保・小の子どもが坂道を駆け上がり、中学校に上がるという避難訓練が頻繁に行われてきました。

高台の中学校は公的な指定避難所と

して、長期避難も可能。住民・子どもの命の砦です。巨大な貯水タンク、プールの水を飲み水に変換する機械、避難所として建て替えた綺麗な体育館。低地地域からの避難道は高台の中学校に向けて多数つくられました。

小・中再編計画が発表された2017年、下田中学校は全校生徒約30人。複式学級にもなっていませんでした。しかし生徒数減少を理由に、統合を市教育委員会が進めようとしました。後でわかったことですが、その背景にはなんと！「大学誘致」の政策があったのです。

2 下田中学校再編計画の大まかな経緯

・2017年11月、教育委員会から旧中村市内10校の中学校を2校にする学校再編計画が示されました。
・2018年7月、1回目のアンケートでは、下田地区では再編反対の保護者が81％と多いものでした。
・2019年1月、「下田中学校の存続を求める」署名2444筆（そのうち下田中学校区1406筆）を市長に提出しました。
・2020年2月28日（3月議会市長説明要旨）市長は下田中学校舎を活用して京都看護大学看護学部を開設すると発表。2023年4月の大学開学には、2022年に着工が必要と、下田中再編の合意を取らなければ大学誘致が流れるとし、担当課による学校再編の働きかけが強まりました。
・2020年、2回目アンケートで保護者の再編への賛否は同数になり、3回目に実施されたときは、賛成55％、反対45％でした。

・2021年3月18日、PTA主催保護者会にて、保護者は、教育面、地域の声、防災上の観点を尊重した「総合的な判断」を市長に求めることにし、保護者主催で最終アンケートを実施することを決めました。
・同3月26日、学校法人京都育英館は四万十市との「大学設置・運営に関する基本協定」を締結しました。
・同5月14日、PTA役員が保護者主催最終アンケート結果を市長へ直接提出（再編を望む10世帯、望まない13世帯、別枠・若草園は望まない）。併せて、下田中学校1年生生徒9名全員による市長への「統合反対表明書」を提出しました。
・同6月30日、市長は「現下田中1年生が卒業するまで下田中を下田小学校に移転して存続する（中村中学校通学者にはスクールバスを出す）」という代償措置を含む判断案を提示しました。
・同7月6日、「下田地区の学校存続に関する申し入れ書」を下田地区の学校を残す会から市長へ提出しました。
・同7月12日、市主催「下田地区大学誘致説明会」再編協議中に大学実施設計入札済みについて、「手違いだった」と市長が発言。再度説明会を約束したがコロナを理由に2022年5月まで行っていません。
・同7月21日、市長案に対する保護者と市長の話し合い（保護者参加13名）では、保護者から小規模でも学校存続を求める意見が多数出ました。
・同9月1日、保護者より、市長案の下田中存続2年の期限をなくし特認校として存続を求める「請願書」（該当の過半数保護者署名添付）を市議会に提出しましたが、賛成9反対10で不採択になりました。
・同9月17日、下田区長より「下田中学校再編市教委結論への異議申立」を、教育長と議会に提出しました。

・同12月、四万十市議会で四万十市学校設置条例変更案が可決されました。

・2022年2月15日、保護者より、「下田中学校は大学誘致が優先され、2年後廃校を決定された。」と主張した「不服審査請求書」を教育長に提出し、記者会見も行い、テレビで放映され、新聞記事にもなりました。

・同2月21日、文科省・国交省と四万十市有志がオンラインで要請を行いました。

・同3月4日、不服審査請求書への返答が郵送で届く。審査なしで却下の裁決でした。

・同3月6日、下田中学校体育館で「下田中統廃合と大学誘致に関する報告会」を開催、65名参加し「下田地域の明るい未来を願う会」が発足しました。

・同3月31日、保護者より、再度「不服審査請求書」と「不服審査請求の審理を求める要請書」を教育長に提出しました（再び「審査なしで却下」の裁決が通知された）。

・同4月4日、願う会・住民・保護者連名で「旧四万十市立下田中学校改修工事にかかわる申し入れ」を市長・教育長宛に提出しました。

・同4月7日、下田中学校生徒（継続して下田中学校進級を選んだ2、3年生計10名）が下田小学校3階の改修した校舎へ通い始めました。

3　下田中学校再編計画の特筆すべき点

この再編計画の前提となる、2017年6月四万十市立小中学校再編検討委員会の「望ましい教育環境のあり方について（答申書）」では、付帯意見がつき、「学校再編を進めるには、主人公である子どもたちのニーズや保護者の願いを第一とし、地域住民の理解を得ながら進めること」とされています。この文言は、国である文科省が発表しているものであり、逆に言えば、この文言に沿わない場合は、進められないことになります。市教委の説明会では、この文言は資料として添付され、保護者はこの付帯意見を守ってくれるよう意見の中で、また提出書類の中で度々引用してきました。

また、四万十市立小・中学校再編計画（第2次）では、「小規模校には、教員の目が児童生徒一人ひとりに行き届きやすいこと、児童生徒と教職員・児童生徒相互の人間関係が深まりやすいこと、異学年間の縦の交流が生まれやすいこと、保護者や地域コミュニティとの一体感が生まれやすいことなど、小規模校ゆえのメリットがある」としていました。

また、中学校再編は広域的になるため、「これまでの保護者・地域との話し合いの結果、合意を得られない小学校区（地区）においては、実施時期を越えても、適宜話し合いの場の設定や情報提供により、引き続き児童生徒や保護者の持つ疑問や不安解消に努めていくとともに、学校再編の必要性に対する理解を深めていく」としています。

さらに「学校再編に伴い発生する、休廃校舎等施設の活用については、地域振興・住民福利等のため積極的な活用を図るものとする。その使途については地元との協議等を通じ、その意向を出来るかぎり反映するよう努めるものとする」と、跡地利用は地元協議で、と約束もしていたのです。

このように、書類上ではいかにも丁寧に行われているように見えます。では、約束の文言の数々は、実際に現実では、きちんと守られてきたのでしょうか？

4　行政が保護者へ続けた対応の問題点

○説明会の様子

中学校を残して欲しい保護者の意思表示を、行政は常に無視してきました。同じ内容で説明会をし、意見を出しても聞くだけ、時間切れで説明会は終了する、平日夜の説明会で仕事や家事、育児に忙しい保護者の負担が多すぎる、こんな行政の対応で諦めて参加者は減っていく状況がつくられました。

存続を希望する親、統合しスクールバスを出して欲しい親、双方の意見を一つにはできませんでした。同じ想いはただ一つ、〝この度重なる説明会やアンケートによる負担を早く終わらせてほしい〟ということだけでした。先が見えず子どもも混乱していました。

○説明会での配布資料の問題点

いかにも下田中学校は今後、生徒数が減り、複式学級になるという表を提示し、生徒数が少ないと切磋琢磨できない、との説明を繰り返しました。

例1：子どもの人数推移を、下田保育所・下田小学校の在籍人数のみで計算。

保育園児に関して下田は、中心地（勤務場所が多い）から遠いため、預かり時間の都合で、他の校区の保育所に行っている子が多数います。児童養護施設若草園の小学校からの人数、転入も毎年あるのに含まれていません。

例２：下田中学校への進学希望者数を、長子のみの人数で計算。

先の年度になれば数値が減るのは当たり前。進学希望する生徒数減少のよう見せました。

例３：下田中進学率減少を、市教委の再編計画説明への理解が進んだ、と説明。

・統合ありきの一方的な説明。プレゼンでは統合先の中村中学校だけの映像を見せました。

・統合先中村中への校区外通学生徒数が増えたのは、再編計画が決まったことのように市が説明したことの影響が大きかったです。本来再編計画がなければ下田中に進学する生徒もいたでしょう。それを下田中への進学を望む子どもが減っていると説明に使いました。

○存続求める保護者への圧力

市全体の教職員の会で、当時「存続求める会」をするメンバーの実名を公表する、要請書や申入書など正式な提出書類への返答が不誠実、地域内で保護者の分断をさせるような誹謗中傷行為が起きるなど、存続求める意見が出しづらい状況に徐々になって行きました。

特に、小学校ＰＴＡ役員への度重なる招集や、意見集約の丸投げは、保護者として負担が多いものでした。また、ＰＴＡ会長に対し電話圧力が多数行われ、精神的・肉体的に疲弊し追い詰められました。

前の節にあるような約束の文言は、このような問題点がある中で、守れていたのでしょうか。最終的に市当局は、合意はできないと言い続ける保護者を「一部の者」と位置づけ、合意形成終了を結論として、下田中学校の廃止へと急加速していったのです。

5　看護大学誘致が本当に地方創生になるのか

市当局は下田中学校跡に、地元協議もなく一方的に、京都看護大学四万十看護学部を計画し、2023（令和5）年度開校予定としました。

開示請求で公表された、四万十市と法人のやり取りでは、「学生確保のため将来は県立幡多看護専門学校を吸収合併したい。日本人が集まらないなら、アジアから人材を集める」等、学校法人は、学生募集が計画通り行かない不安も表明しています。

現に文科省の学部設置届け出受理と並行して、大学設置の市民説明会を展開していますが、長期的な経営計画は出されていません。

2020年6月に市長が大学側と協議、その時点（下田中学校統廃合の保護者と協議中の時点）ですでに大学誘致を進めようとしていたのです。

大学を運営する京都育英館は「地元がもめたら2022年4月に大学を開設できない。他の候補地を探してほしい。」と要求。それに対して市長は「下田中で進める」と表明しているのです。

災害時には公的な指定避難所ともなる下田中学校を廃止して、津波浸水区域へ中学生を降ろしてまで、大学誘致を進めようとすることに「住民の理解は得られない」との声が強く出されています。

6　文科省・国交省にオンライン要請

2022年2月21日に吉良よしこ国会議員（日本共産党）の仲介で、保護者と四万十市民有志が、国交省、文科省の担当とオンラインで直接意見交換しました。

保護者や住民との合意形成に関し、文科省は次のような見解を示しました。

「学校の統廃合は教育目的のために行うもので、行政の都合ではなく児童生徒のために行うもの。一方的に進めるものではなく教育条件改善のため、児童生徒、就学前の子ども、保護者地域の住民のために行うもの。地域や学校のあり方について、ていねいな対話が必要で、ビジョンの共有が必要。」

しかし四万十市の場合、この見解とは全く違い、一方的で住民の意見を押さえ込むような態度で終始しています。

同時に、国交省の担当者にもオンラインで、次の事項について要請しました。

下田中学校に隣接する中医学研究所改築は、京都看護大学附属施設にするためなのに、国交省の空き家対策総合事業補助金を支給するとしています。しかし、この補助金の対象となる空き家対策総合事業は、その施設整備がコミュニティ推進に資することとなっているのに、看護大学の附属施設として占有され、一般市民が使える施設にはならない事への疑問を提起しました。今後の実態を踏まえて、検証をもとめていくこととしています。

下田中学校校舎についても、改修して京都看護大学に無償貸与するとしていますが、四万十市の公共工事にして内閣府地方創生拠点整備交付金を利用するとしています。しかし、市内で一番移住者が多い地域の下田中学校を廃止してまで京都看護大学を誘致することは地方創生や地域再生にはなりません。

7　不服審査請求提出、私の想い

2022年2月と3月に二度、私は四万十市教育長にあてて不服審査請求をしました。不服審査請求とは、行政が行った処分に対して正当かを調べてもらえる国民皆の権利です。

以下は請求書類内に提示した「請求人の想い」の部分です。

私は「最先端の生き方」を求めて都心からこの地に移り住んでいます。それは経済的豊かさや効率を重視する大量消費の生活ではなく、「幸福感や安心感」「個人」を重視し尊重する穏やかで生産性のある生活です。

少子化は四万十市だけでなく全国的な事です。複式学級にもなっていない下田中学校までが計画に含まれていて、少人数を再編理由に説明する事に違和感があり強引さを感じます。この計画は「本当に子どものためなのか？」最初から現在までずっと疑問です。

再編計画により平穏な生活は一変しました。「地元の安全な中学校を選択できる」という地域の子どもの権利を守る取り組みに対し、今の保護者だけに責任を問う執拗な行政のやり方によって、保護者だけでなく子どもにも負担をかけ、不安や混乱を招いた事に憤りを感じます。

保護者は誠実に行政に向き合ってきました。存続を求める署名提出で統合は保留となり、平穏な生活に戻れると安心した時期は短く、署名の存在がなかったかのように繰り返す説明会。そして突然、大学誘致を下田に決定したという驚きの発表。その後加速する再編に向けた会とアンケート調査。ＰＴＡ役員への圧力。保護者を疲弊させ、分断を招きました。

再編協議中の中学校を大学誘致候補地にするという行政の手順は、再編計画に対して誠実に向き合ってきた保護者の願いを強引に断ち切るもので、許されるものではありません。また、市長に保護者が求めた「教育、防災、地域などを含めた総合的な判断」を一度も総合的に示す事なく市長が決定を下した事は、納得できるはずがなく、その後も保護者の声を届けましたが、ないがしろにされました。この行為は、文科省の手引きを引用した再編計画内の付帯意見「学校再編を進めるには、主人公である子どもたちのニーズや保護者の願いを第一とし、地域住民の理解を得ながら進めること」を行政が自ら破った事に値し、この決定を受け入れる事はできません。

教育委員会はPTA役員を集めた会の中で、市長判断に合意出来ない意見があることの事実確認を交わしながらも、保護者と地域に「合意形成終了」という文書を配布しました。このことは行政としての信義・誠実に背くものであり、「人権を侵害された」という怒りでいっぱいです。

地域の宝の子どもたちを、いかに大事に地域と共に育てていくかが問われる時代だと確信を持っています。四万十市はその環境を最大限に生かして、様々な子どものニーズに対応する教育環境を作れるはず。そう信じています。長きにわたり養護施設を受け入れてきた下田地区は、様々な子どもたちを見守る優しさと、柔軟な対応ができる地盤のある貴重な地域です。

持続可能な社会が求められている今、多様性を認め合い、公平で幸せな社会づくりをめざす教育基盤が、下田中学校にはしっかりと根付いており、私はこの小規模校で子どもに教育を受けさせたいと願っています。地元の学校に通いたい、通わせたい「希望・権利」を奪わないでください。

2年後の下田中学校廃止を決定づける処分を解除し、統合の期日を今の段階で決めないでください。「本当に子どものためなのか?」この疑問を消す、納得のいく審査をお願いいたします。

しかし、この不服審査に対しての教育長からの回答は、二度とも「審査なし却下」の裁決書が郵送で送られてきただけでした。

8　広がる署名、賛同者が増えている

２０２２年3月6日に下田で集いを開催し、地域住民、保護者など65名が参加しました。保護者が向き合ってきた学校再編の経緯、不服審査請求の報告と、大学誘致の真実を多方面から報告し、教育面、防災面、持続可能な地域創りを目指す「下田地域の明るい未来を願う会」が発足しました。

工事差し止めに向けて、弁護士に相談、チラシ配布や署名活動、街宣活動も積極的に行う中で、『わざわざ市立下田中学校を廃止してまで私立看護大学誘致に巨額の税金投入中止」を求める署名』が広がりました。

四万十市は市民不在で一方的な下田中学校廃止と看護大学誘致を進めていますが、当該用地に何本もの法定外公共物としての里道（りどう）があり、それを地元説明も同意もなく用途廃止していたことが判明し、この無効と登記修正を求める新たな課題での市民運動も開始しています。

下田地域の真の地域再生をもとめ、四万十市長、四万十市教育長あてに8項目要求を提出しました。政府総理大臣にむけた、内閣府地方創生拠点整備交付金に関し、四万十市からの申請を不受理にすることを求める申し立ても行っています。

9　おわりに（私が願うこと）

保護者が、この学校再編計画からの大学誘致問題に関わってきたのは約5年間です。自分の子どもに学校統合計画がふりかかってくるなんて、初めての経験。一から勉強です。保護者で何度も集まり、勉強会をしたり、報告会を企画したり、たくさんの取り組みを続けてきました。なぜ、ここまで諦めずに向き合うんだろうか。ずっと、私は自問自答をしてきました。

私は何を目的にして、どうしたいんだろうか。単に（意地っ張りの性格）とか、（何かに反対したい性格）とかではないんです。そんなことだけでここまでの時間と労力を費やすことはできません。親として、母として、子どもに関わる大事なこと（おかしい事はおかしい）と言わなければ、「子どもを守れない。」そんな危機感と、必死な想いで、今までやってきたように思います。私は移住者ですから、この土地に住まわせてもらっていると言う感覚があります。この土地に感謝し、平穏に過ごし続けていきたい。子どもだけでなく孫、その先の代までです。この場所に移住し、根を下ろした「直感」を信じているからかもしれません。

心が折れそうになっていた時、「願う会」の仲間にこんな言葉をプレゼントされました。
『ひとりで行けば「早く」行ける。だけど、みんなで行けば「遠く」へ行ける。』
この取り組みを振り返るたびに、深く深く心に染みてきています。私にとって、大事な言葉です。

この約5年間、いろいろな時がありました。

それは例えるなら、アメーバのように不確かな形で動き続けるとらえどころないようなイメージです。

一人一人がいろいろな色で、あちらこちらでくっついたり、離れたり、色を変えたり、また、明るくなったり暗くなったり。それは全体的に見れば、大きくなったり、小さくなったり。この流動的な変化は考えてみれば当たり前のことで、保護者はまず、とにかく忙しい。子育て、仕事、家事。向き合う時間が少ない保護者にとってこの常に変化する現象は仕方ないのです。それに、保護者とは年度で入れ替わるものです。

この流動的な周りの変化を敏感に感じつつ、自分の色・形は変わらないよう、気持ちがぶれないよう、努めてきたつもりです。そんな、私を支えて下さる、たくさんの方たちの想いが、重なっていき、今はそのアメーバのような見えない渦が、大きくうねりになっていくのを、私はうれしく感じています。

この原稿を書いているここ最近の動きです。5月27日に大学側が初めて市民の前に出てきた住民説明会がありました。また、6月9日には市長へ署名を提出しました。共に新聞で報道され、YouTube(https://youtu.be/t6NeGG6lr1Q)などで拡散中の動画は、この5年間を本気で向き合ってきた保護者たちの心からの叫びです。ぜひこの本を読んでいる方も、これを知り「おかしいことをおかしいと言っていいんだ」と感じてください。「下田地域の明るい未来を願う会」を検索すれば、会のブログでも紹介しています。

この学校統合問題は、決してピンチだったのではなくチャンスだったのだと気づきました。保護者、地域、学校、四万十市政が、今後協力をして「本当に明るい未来は何か、子どもに残したい下田とは何か、四万十市とは何か?」を考えていきたい。あの言葉の「みんな」とは市側をも含む「みんな」でありたいのです。保護者も、地域住民も、行政側も、そして市長も同じ市民です。本気で話し合い、力を合わせることで、明るい未来を創り上げていきたいと切に切に願っています。

この言葉にある『みんなで行けば「遠く」へ行ける』とは、力を合わせて本気で願えば必ず叶う。そういうことだと私は心から信じています。

全国で、学校統廃合に悩み、心痛めるみなさんに、少しでも参考になればと願います。読んでいただきありがとうございました。

この原稿の執筆にあたり、下田地域の明るい未来を願う会の事務局（岩瀬幸吉、永野和久、渡辺晶弘、渡辺眞喜子、山本い久、川田生瀬香）、今城隆（宿毛市議）、川渕誠司（四万十市議）のみなさまにご協力いただいたことに感謝申し上げます。また、この住民運動を支えてくださっている世話人やサポーターはじめ、全国で協力と応援の声をくださる方々に、心から感謝申し上げます。

第6章

学校統廃合を超えて

――「学校」と「地域」の取り組み

1 大阪府交野市●住民投票で小中一貫校の見直しを求めて

坂野光雄

交野市は、大阪府の北東にある人口約7万7０００人の小さな市です。ＪＲ学研都市線と京阪電車の2路線があり、大阪市内まで20分の利便性と、生駒山系の豊かな自然が魅力です。現在、人口の大きな減少は見られません。市内には、中学校4校、小学校10校があります。

1 学校規模適正化計画で施設一体型小中一貫校

黒田実市長（２０１４年9月〜）は、「市長戦略」（２０１６年）の一つに「公共施設の再配置とあわせて学校規模の適正化を図る」との方針を掲げました。市は２０１７年〜18年、総務省の公共施設集約・削減の方針に基づき「公共施設等総合管理計画」「公共施設等再配置計画」を策定しました。公共施設の58％を占めている学校施設の集約・削減は、教育委員会のもと、学校規模適正化として進められました。

教育委員会は、児童生徒数の減少、学校施設の老朽化、小中一貫教育などに対応するためとして「学校規模適正化基本方針〜望ましい小・中学校の在り方〜」（２０１7年1月）を定めました。小学校は11学級以下を小規模校、12学級以上24学級以下を適正規模とし、中学校は8学級以下を小規模校、9学級以上18学級以下を適正規模（19学級以上24学級以下も許容範囲とする）としました。

続いて、教育委員会は「学校規模適正化基本計画」を作成し、第一中学校区の長宝寺小学校が小規模校に該当するため、長宝寺小学校・交野小学校・第一中学校の3校を統合し、施設一体型小中一貫校を交野小学校の敷地に建設する計画を作成しました。

小規模校の解消として、小学校の校区変更や小小合併も選択肢としてあります。しかし教育委員会は、検討案の評価項目に、小中一貫教育の推進として「小学校と中学校との距離」の項を加えました。そのため、小中学校が同一敷地内に建設されれば高い評価点となり、その結果、施設一体型小中一貫校が選定されました。

2　反対意見が湧き起こる

3校が統合されれば児童生徒数は１１００人となり、9年間、同じ学校で学ぶこととなります。「学校規模適正化基本計画」のパブリックコメントには、75人から３４７件の意見が提出されましたが、反対の意見が圧倒的多数でした。

パブリックコメントから2人の意見を紹介します。

◆「小規模校では、多様な考え方に触れる機会や切磋琢磨する機会が少ない」ことが指摘されていますが、根拠、データーが示されていません。1学級であれ集団が形成されていれば、多様な考えや切磋琢磨することが可能と考えます。切磋琢磨も必要ですが、「お互いに良く理解しあい、相手を尊重する人間関係をつくっていく教育こそ必要」と考えます。小規模校では、一人ひとりがリーダーを務める機会が多くなり、児童の学校教育活動への参加意識や参加度が高くなります。また、児童生徒相互の人間関係が深まってきます。小規模校ほど教員が児童とのふれあいの機会が増え、緊密化を増し、児童の問題行動などを早く把握することが可能となり、小規模校だからこその行き届いた教育と相まって、児童のいじめ・不登校が少なくなります。

◆交野小学校の狭い敷地内に、小学1年生から中学3年生までの子供達が集められるのですから、グラウンド・体育館・プール使用はどうなるの?特別教室は、チャイムは、放課後の活動は…?

施設一体型小中一貫校計画が進められる中、保護者や市民、元教員などにより、「交野の学校統廃合・小中一貫教育を考える会」（考える会）がつくられました。学習会、チラシ配布、署名運動、教育委員会との面談などに取組み、問題点を指摘し、市民合意なしで進めるなと訴えていきました。

3　施設一体型小中一貫校施設プラン図
――グラウンドが狭く、校舎は4階建て

続いて、教育委員会は2020年3月、「交野市立第一中学校区　魅力ある学校づくり事業　基本方針・基本計画」を発表しました。その中には、施設一体型小中一貫校の学校施設プラン図（A案、B案、C案）が含まれていました。

施設プラン図には、「小学1年生から中学3年生までの約1100人が、4階建ての一つの校舎に入る」「2階が1年生～4年生。3階が5年生～7年生。4階が8年生・9年生」「北側教室もあり、廊下もL字型」「プールがなく、近くのいきいきランドの市民プールを使用する」「グラウンドが狭くなる」など、多くの問題が含まれていました。

「考える会」は、教育委員会に「説明会の開催」「パブリックコメントの実施」を強く申し入れました。

その結果、教育委員会は7月、10回連続の市民説明会を開きました。

学校が統廃合され、施設一体型小中一貫校の具体的な計画内容を知った多くの保護者・市民が参加し、質問・意見が続出しました。意見の一部を紹介します。

表6－1－1　4校の児童数・学級数・面積など比較

	交野小	長宝寺小	一中	小中一貫校
児童数	573 人	153 人	321 人	1111 人
学級数	19 学級	6 学級	9 学級	34 学級
敷地面積	21243m^2	20772m^2	16707m^2	22266m^2
（一人あたり）	(37.1)	(135.8)	(52.0)	(20.0)
運動場面積	11661m^2	9913m^2	11362m^2	12337m^2
（一人あたり）	(20.4)	(64.8)	(35.4)	(11.1)
校舎床面積	5874m^2	4960m^2	5801m^2	13805m^2
（一人あたり）	(10.3)	(32.4)	(18.1)	(12.4)

注：交野の小・長宝寺小・一中の児童数と学級数は令和2年度。小中一貫校は令和7年度予測。
出所：教育委員会資料より筆者作成。

◆コロナ後の学校として、1100人の児童生徒を一緒にするような学校で、子ども達の命と健康を守れるのか。
◆プールがあるいきいきランドへの往復に対する安全問題や一般市民の方々へのプール利用制限はどうなるのか。
◆魅力ある学校づくりというがまったく魅力がない。グラウンドは狭い。マンモス校として過密な中廊下教室、廊下もL字型、プールなし。最悪の学校づくり。
◆1000人の子どもを4階もある校舎に通わせるのは危険。子ども達の本当の安全は、ゆったりとした施設で学ぶということ。1年生から9年生まで同じ所で生活するのは、ものすごく息苦しいのではないか。

4　反対運動の広がり

「一中校区在住の児童・園児の保護者有志」は、「ちょっと待って！最終決定が決まっていない今なら、一中校区の小中一貫校計画　ストップできるよ」の訴えチラシをつくり、地域に配布しました。

「考える会」は、保護者のママがつくった「LINEオープンチャット」をスタートさせました。このオープンチャットには100人以上が参加し、連日意見を述べ合い、連帯し、大きな力となりました。また新たに「一中校区の、小中統合校の再考を求める会」もつくられました。

11月に、反対する市民・保護者が一体になって「ち

ポスター1

出所：交野の学校統廃合・小中一貫教育を考える会作成

写真6－1－1　市役所前スタンディング

出所：筆者作成。

ょっと待って！集会」を66名で開きました。保護者作詞の小中一貫校について考えようと訴える替え歌〝katano saikouyan〟の披露、私の主張、他市の小中一貫校で教師をされた方の報告、そして何よりも幅広い層から多くの人が参加し、大いに盛り上がりました。

5 住民投票条例請求署名運動へ

運動の広がりの中で、保護者や市民の「学校統廃合はちょっと待って！」の声がさらに大きくなっていきました。しかし一方で教育委員会は、基本設計を２０２１年３月までに完成させ、建設予算も３月議会に提案し、12月末までに事業者の選考と契約を予定し、建設に向けての日程が迫ってきました。

そのような中、２０２０年12月市議会に、会派無所属の議員２人が「交野第一中学校区における施設一体型小中一貫校の設置の賛否を問う住民投票条例（案）」を議員提案しました。しかし、賛成５人、反対９人で否決となりました。

否決を受け、保護者・市民・賛成の議員５人が集まり、住民の直接請求で住民投票条例の制定をめざそうと意思統一しました。

「一中校区の施設一体型小中一貫校設置の賛否を問う住民投票を成功させる会」（略称：住民投票

を成功させる会）を結成し、交野小学校区在住で元市会議員吉坂泰彦さんが代表となりました。署名の請求代表者に吉坂さんと2人の保護者がなり、5人の市会議員も一緒になって取組みました。

1ヶ月の署名期間に、有権者6万5０００人の50分の1以上（約1３００人以上）の署名を集めることが必要です。署名目標数を有権者の10分の1の6５００人にしました。署名は、有権者に限られ、自署で署名年月日・住所・生年月日・氏名を書き、押印または拇印が必要となります。署名簿は、表紙、住民投票条例制定請求書、住民投票条例案、請求代表者証明書、署名収集委任状、署名用紙の6枚で1冊です。署名簿1冊で5人書きとし、最初に2５００部作成しました。最終的に4０００部作成しました。

署名簿の「住民投票条例制定請求の要旨」は、次の内容でした。

「この計画は、交野小学校の敷地に1１００人以上の児童生徒を、4階建ての一つの校舎で9年間学ばせる内容になっており、交野市の教育行政で初めてであり、大きな問題点を含んでいます。

一つは、1校の敷地に3校1１００人の児童生徒を通学させるために、教育環境が大きく悪化します。児童生徒の数に比して敷地面積が狭いためプールが設置されません。いきいきランドプールの使用では、行き帰りの時間や安全性に問題があり、また市民のプール使用の制約にもつながります。またグランドが狭く、思い切り遊べない、運動ができない事態が想定されます。校舎も北側教室を含む4階建てであるなど、教育環境の悪化となります。さらに、34学級が想定され、文部科学省が早急な解消を求める過大規模校に該当します。

二つ目に、施設一体型小中一貫校を小中学校の区分をなくし、1年生から9年生とする義務教育学校（新しい学校制度）にする計画です。一つの校舎に、発達状況が大きく異なる1年生から9年生までが在籍することになります。小学校卒業式と中学校入学式がなくなります。代わりに修了式と進級式になりますが、6・7年生はともに3階に在籍しているために、節目の式にはなりえません。小学上級生の成長が押さえられるとのアンケート調査も発表されています。また、あらたに高一ギャップが心配されています。

三つ目に、市教委は多くの市民の疑問に答えず、反対の意見を無視し続けてきました。今回の施設一体型小中一貫校計画の基本方針・基本計画・基本設計に対し、市民はパブリックコメントを要求しましたが、市教委は拒否しました。

以上、今回の施設一体型小中一貫校計画は多くの問題点を含んでおり、同時に、交野市全体の教育行政にも大きな影響を与えるものです。さらに、約83億円との莫大な予算を伴う計画となっています。よって、表題の住民投票により、交野市民の賛否を問うことが必要と考え、条例制定の請求を行なうものです。」

(1) 1ヶ月間の署名活動スタート

コロナ感染症の緊急事態宣言の中で準備に取り組み、緊急事態宣言解除後の3月12日（金）から4月11日（日）の1ヶ月間、署名に取り組みました。

写真6－1－2　スタート集会

出所：筆者作成。

3月14日（日）に開かれた署名のスタート集会は、保護者の〝katano saikouyan〟の歌で始まり、あいさつ、保護者の訴え、来賓・メッセージの紹介、署名活動の説明等々、110人が参加する熱気あふれる集会となりました。

市民向けビラを全市域に、準備期間も含め3回配布しました。

「署名簿を20部持ってきて」「署名を集めるのは初

ポスター2

出所：住民投票を成功させる会作成。

めてなので、一緒に地域をまわってほしい」「知り合いに頼んでいる」「署名は、もうしたよ」と署名が大きく広がっていきました。

火曜日は市役所前で、日曜日はスーパー前で、スタンディングと署名行動と元気いっぱい取り組みました。

署名数は、必要署名数１３００を大きく超えました。選挙管理委員会の審査で署名数７８１６人、有効署名数７２１０人と確定されました。５月17日、市長宛に条例制定の請求書と署名簿を提出し、市長は意見を付けて6月市議会に議案上程することになりました。

⑵ 市会議員への働きかけ

6月市議会に向けて、市会議員に対し「住民投票条例」に賛同してくれるよう要請することにしました。

署名活動終了後に第4号ビラを発行し、署名数の報告と同時に、「市会議員に声を届けよう」と呼びかけました。第5号ビラでは、「面談・電話・ＦＡＸを」市会議員さんに、と呼びかけました。

新たに保護者がつくった「交野の小中一体校が気になるチーム mama」は、「７２１０筆の署名を無効にしないためには5月6月のアクションが必須！いまひとりひとりの行動が未来を変えるよ！」と訴え、ビラにＱＲコードの意見フォームをつくり、集まった意見を議員に届けました。

6　いよいよ市議会で審議

２０２１年６月４日に開催された議会に、黒田市長は「第一中学校区の新しい学校づくりについて重大な課題があるという認識にはいたらず、…全市的に賛否を問う住民投票はなじまないと考えます」との反対意見を付けて、住民投票条例制定の議案を提出し、６月17日の本会議で審議されることになりました。

市議会本会議には多くの市民・保護者が駆けつけ、傍聴席に入りきれず、別室でも傍聴する熱意あふれるものでした。

３人の請求代表者を代表し、吉坂さんが仕事で参加できなかった２人の意見書の代読も含め、30分にわたる意見陳述を行ない、住民投票条例制定を強く求めました。

◆吉坂代表請求者の意見陳述の一部を紹介します。

私たちは、一ヶ月、連日連夜、戸別訪問をし、時には街頭・駅前に立ち、子どもたちのため、交野市のために署名を訴えてきました。有権者の10分の１以上の署名を集めることができました。私たちは、その過程で想像以上の市民・保護者の熱意を感じました。

市教委は、保護者の意向調査を昨年12月に行ないました。「施設一体型小中一貫校」に期待すると回答したのは208件。不安があると回答したのは364件でした。「期待すること」の中に、こんな記述がありました。「期待することはありません」「分かりません」「送り迎えが不便」「再度必要性を検討しなおすこと」。期待する項目には入れない記述を入れて「期待すること」は208件。対して「不安に思うこと」と記述したのは364件でした。

「施設一体型小中一貫校設置」は市民合意が得られているでしょうか？　議員の皆さん、住民投票で決めましょうよ。子供たちの教育・交野市の未来に、市民全員で責任を持って進めていきませんか。

◆代読された長宝寺小学校保護者の意見書から

長宝寺小学校の令和2年度卒業の6年生に対して行ったアンケートがありました。その中に「学校の何が良かったですか？」の問いに対して一番多かった返答が「少人数だったこと」でありました。2番目に多かった答えも少人数学校であるが故の内容のものでありました。

◆代読された交野小学校保護者の意見書から

1小学校の敷地に2小学校と1中学校を詰め込んだ施設一体型4階建て校舎、児童生徒数は1100人以上。改善どころか公教育の劣化にしか映りません。

住民投票を希望する7816筆の署名が保護者や地域住民と共通理解が図れなかった結果の表れです。学校の設置や建設は、1番の受益者である子どもとその保護者達の理解と合意が必要不可欠です。行政の考え方を押し付けていいものではありません。

請求代表者の意見陳述ののち、議員による質疑・討論・採決と議事が進められ、採決の結果、賛成5人、反対9人で住民投票条例案は残念ながら否決となりました。

その後、同年8月、「住民投票を成功させる会」は、交野の教育環境を良くしていくために、今後も市民や保護者が力を合わせていく市民組織として「子どもの笑顔あふれる学校を！交野ネットワーク」に名称を変更しました。

同年12月議会に、交野小学校の解体工事、施設一体型小中一貫校の工事実施設計、建設工事を合わせた工事契約議案が提案され、議員9名の賛成多数で可決されました。

予定価格　74億9347万5千円
落札価格　74億7010万円
落札率　99・688％
入札業者数　1社

2022年度から交野小学校の解体工事が始まるため、交野小学校は4月から長宝寺小学校に移転・合併し、交野みらい小学校となりました。3年後に交野みらい小学校と第一中学校が合併する新しい学校は、交野みらい学園と名称が決まりました。2022年度に工事実施設計が行なわれ、2023年6月から建設工事が始まり、2025年4月に開校予定となっています。

7　最後に

交野市及び教育委員会は２０１７年に「学校規模適正化方針」を定め、２０２１年12月に「施設一体型小中一貫校の工事契約」を行ない、建設計画を進めています。この間の経過から、以下のような問題点があります。

①　教育委員会は、小規模校を適正化する名目でスタートしましたが、選定された施設一体型小中一貫校は34学級もある大規模校となりました。さらに教育委員会は、施設一体型小中一貫校の適正基準を定めず、大規模校を容認し、そのうえ文科省の義務教育学校適正化基準の27学級を超える大規模校となっています。学校規模適正化の目的から逸脱してしまいました。

②　学校規模適正化は、教育環境の環境改善を図るものです。しかし、1校の敷地に3校を合併し大規模な施設一体型小中一貫校を建設することは、現在の教育環境を悪化させることになります。

③　教育委員会は、小中一貫教育、義務教育学校を目指すとしています。しかし、どのような教育、学校となるのか市民に説明を十分行っていないため、市民の理解が得られていません。

④　建設工事等は、約74億７０００万円（落札率約99・７％）で契約され、一方で、国の補助金は非常に少ない6億円です。財政支出は予定より大幅に増加し、公共施設統廃合の目的である財政支出削減の効果は疑問となっています。

今回の学校統廃合は、大規模な小中一貫校による教育環境の悪化、莫大な財源投入による後年度負担の増大、という負の遺産を残すものと危惧されます。

２０２２年９月には市長の任期が来ます。今後の展望として、市長が変われば学校建設計画も変わる可能性が生まれてきます。

教育委員会は、市内４つの中学校区の中、２つの中学校区で小規模校となる学校が出てくると予想し、学校規模適正化の検討を行なおうとしています。これ以上、施設一体型小中一貫校を建設させない取り組みも必要となっています。

2 兵庫県◎地域を探求し、地域活性化策を考える村岡高校の実践

石山雄貴

1 村岡高校の概要

２００５年の香住町、美方町、村岡町の合併により誕生した兵庫県香美町は、北側を日本海に面した自然豊かな町です。２０００年代以降特に人口減少が著しくなり、２０２０年国勢調査では、人口１万６０６４人、高齢化率は40・6％となっています。そうした香美町の中央部である村岡区に、県立村岡高校は位置しています。村岡高校は、３学年合わせて６クラス、生徒数１５６名の全日制普通科高校です（写真６－２－１）。[*1]「地域に学び、地域と協働し、地域になくてはならない学校をつくる」[*2]ことを学校教育目標として掲げ、普通コースの他に、特色ある類型として２０１１年に「地域創造類型」を設置し、２０１４年には「地域創造類型」を、通学区域を定めない類型として改編した「地域アウトドアスポーツ類型」を設置しています。この類型は、地域全体を教育資源

として活用し、自然、文化、風土に関わる知識の習得と、それらを活かした地域活性化策の探究を行う「地域創造系」と、地域の特性を活かしたアウトドアスポーツ等に関わる技能・資格の習得と、スポーツを生かした地域活性化の探求を行う「アウトドアスポーツ系」に分けられ、そのどちらもが調査活動等、地元との交流を深め、自ら考え、協働できる人材を育てることを目標としています。[*3]

2　高校存続と「地域創造類型」設置に至る経緯

(1)　請願署名運動の展開

現在の「地域アウトドアスポーツ類型」の前段である「地域創造類型」の設置に至った発端として、１９９９年の村岡高校の学級数維持を求めた請願署名運動が挙げられます。当時、村岡高校の生徒数は学区内の年少人口減少による入学者数の減少が見込まれるなかで、学校再編の契機となる学級数減が地域の中で危惧されていました。[*4]そこで、教職員やＰＴＡを中心に学級数維持を求める請願署名運動が始まりました。多くの署名を集めるために積極的に地域住民に働きがけた結果、請願署名数は住民の過半数に上り、集めた署名は町議会

写真６－２－１　村岡高校外観

出所：筆者撮影（2022 年 3 月 8 日）。

で採択され、当時の学級数削減の動きを阻止するに至りました。[*5]

その後も、請願署名運動は教職員とＰＴＡらによって続けられました。２００４年から２００６年には、学年3学級の維持が町議会に請願され、２００６年の請願署名数は、村岡・小代区住民の75％に達しました。[*6]また、２００７年には、同町にある香住高校を含めた両校の存続に関する代表請願が香美町連合ＰＴＡ会長・香住高等学校ＰＴＡ会長・村岡高等学校ＰＴＡ会長によってされ、２０１０年には両校存続の請願署名を町議会に提出しています。さらに、２０１２年から２０１４年には2学級の維持に関する請願署名を町議会に提出しています。しかし、学区の年少人口が減っていくなかで、入学者数減に伴う学級数減は免れず、１９９９年で1学年4学級でしたが、２０００年は3学級、２００６年には2学級、２０１３年には1学級にまで減少しました。その後、２０１４年には2学級となり２０２１年に至っています。

(2) 「村高フォーラム」の開始

地域で請願署名運動が行われていくなかで、２００４年に管理職や若手を含む教員が立ち上げた新構想検討委員会を中心に、高校内部でも高校存続に向けた取り組みが行われました。新構想検討委員会では、高校存続に対する危機感の共有やその意識づけのための教職員アンケートのほか、委員会内で高校存続と高校の地域連携への関心があったことから、先進的に地域連携を進めていた長野県白馬高校や辰野高校への訪問調査を行いました。[*7]特に２００４年の辰野高校への訪問で得られた、学校づくりと地域づくりについて生徒、教職員、保護者を含めた地域住民が話し合う「辰高フォーラム」の手法は、早速村岡高校に持ち帰られ、翌年の2005年11月に「村高フォーラム」を開始することとなりました。

「村高フォーラム2005報告集」によると、第1回フォーラムは、「村岡高校の一層の活性化をめざして、地域の方々・PTA・同窓会および生徒・教職員が意見交換を行うなかで、村高教育のあり方を探るとともに、教育活動の改善に役立てる。さらに地域に根ざし地域とともに活性化する学校づくりを模索する」ことを趣旨に「学校・地域の活性化をめざして~地域に根ざした学校づくり~」をテーマとし開催され、一般・PTA38名、教職員27名、生徒20名の参加がありました。*8 まず、校長から高校存続の課題や学校経営の重点等に関する説明がされ、現役高校生、PTA会長、地元の村岡中学校、地域住民、同窓会、香美町助役による、村岡高校に望むことや地域から見た姿、高校と地域との関わり等のパネル・ディスカッションが行われました。最後に、旧村岡町の町勢振興計画(2001年~2004年)作成にコーディネーターとして関わっていた保母武彦氏(当時、島根大学教員)から全体を総括する助言がされました。この助言では、「農山村に高校をしっかりと根づかせていく」ことや、「確実に自分の将来の夢を育てていく。そしてそれに向かってすすんでいく道筋を自分で探る能力をつくる」こと等が高校教育の原点と確認されました。*9

「村高フォーラム」は、翌年の2006年で開催が一度止まりましたが、2011年以降改めて年1回開催を継続し、現在では、生徒や教職員、地域住民、卒業生が参加し、地域や教育に関するシンポジウムやパネル・ディスカッションを行うほか、後述する「地域探求」や「総合的な探求の時間」等において地域に学んだ学習の成果発表の場にもなっています。

(3) 「地域創造類型」の設置へ

一方で、兵庫県教育委員会により「県立高等学校教育改革第二次実施計画(2009年~2014年)」が2008年2月に策定され、県全体で高校改革をより一層進めることとなりました。実施計画には、魅力ある学校づくりの推進が掲げられ、普通科は、「多様で柔軟な特色ある学校づくりを進めるために、地域や学校及び生徒の実態に応じて特色ある教育課程の編成を行う」ことや、「芸術、郷土研究を学ぶ類型など、幅広い分野にわたる特色ある類型の設置や特色ある類型のコースへの編成を検討する」ことが改革の方向として示されました。*10 また、推進計画として、定員割れの続いているコースは、「設置科目の見直しなどさらに魅力ある教育内容の充実を図るか、あるいは、コースを募集停止し、特色ある類型を設置するかを検討すること*11」等が求められました。定員割れが続いている村岡高校でも実施計画に沿う対応をせざるを得ず、学校存続に向けた「特色ある類型」の設置について、新構想検討委員会を発展させたビジョン委員会を中心に検討が始まりました。そして、検討を重ねていった結果、2011年度に「地域創造類型」が創設されました。

3　村岡高校における地域づくり

(1)「地域アウトドアスポーツ類型・地域創造系」における「地域探求」の取り組み

「地域アウトドアスポーツ類型」における「地域創造系」は、地域に出ていき、地域を知り、地域活性化策の探究を行う教育実践を、「地域学入門」(1年次)、「地域探求Ⅰ」(2年次)、「地域探求Ⅱ」(3年次)の各科目からなる学校設定教科「地域探求」において展開しています。「地域学入門」は、地域で植生調査や地質調査、水生昆虫調査、歴史研究等を行う住民たちを外部講師として招き、地域の自然や歴史を中心に地域を知る授業内容が講義と実習を中心に組まれています。他にも、地域を知るために「地域創造系」全生徒が参加する集落調査や町長による「地域探求講演会」、大学教員等をゲストに招いた「教育講演会」への参加も位置付けられています。「地域学入門」の終盤では、1年次に地域を知っていくなかで各生徒が持った問題意識や関心を、学年の「探求テーマ」として一つにまとめあげ、2、3年次での「地域探求Ⅰ・Ⅱ」につなげていきます。

2年次科目「地域探求Ⅰ」は、2020年度では「地域との連携を深め、これまでの学習から地域課題の解決方策をまとめるために、新たな価値を創造する能力や議論する力を養うとともに、自己表現力をつけること」[*12]をねらいとしています。1年次末にまとめた「探求テーマ」を掘り下げ、地域課題の解決方法を探るためにフィールドワークやインタビュー等の地域調査を年間を通して行

表6－2－1　これまでの「地域探求」における主な成果物

	主な成果物	成果物の概要
第1期生 (2011-2013年)	ステキな“人”と出会うための香美町ガイドブック『かみあう COME&MEET』	“人”にスポットを当てたガイドブック
第2期生 (2012-2014年)	みかた残酷マラソンお・も・て・な・し	みかた残酷マラソンでの高校生企画などを紹介する冊子
第3期生 (2013-2015年)	Re/Map香美	香美町の魅力を“ひと”、“歴史”、“自然”の視点から取り上げたDVD(動画)
第4期生 (2014-2016年)	むらの風景香美町集落ガイドブック Vol.1	小規模集落の魅力を高校生ならではの視点で再発見し発信するガイドブック
第5期生 (2015-2017年)	香美町ふるさとものしり博士ガイドブック Vol.1	香美町の「ものしり博士」を紹介する冊子
第6期生 (2016-2018年)	八幡山公園国際彫刻ガイドマニュアル	地元の八幡山公園にある彫刻作品とその作者について日本語と英語で紹介する冊子
第7期生 (2017-2019年)	目指せ！村岡ものしり博士	村岡の城下町としての歴史を学ぶまち歩きゲーム
第8期生 (2018-2020年)	ふるさと教育教材（かるた・ヴィレ盤・アユの人生ゲーム）	ものしり博士や自然が豊かという地域の魅力を題材としたゲーム

出所：各成果物をもとに筆者作成。

い、夏休み期間には研修合宿も行います。研修合宿は、２０１２年から始まり、「地域の活性化のための行政、住民などの取り組みを現地で調査し、その発想と方法を学び、故郷を見直し故郷に提言する契機とする」[*13]ことを目的としています。これまで島根県海士町や岡山県西粟倉村、徳島県上勝町等に出かけ、現地の自治体職員からレクチャーを受けたり、地域で活躍する様々な住民へのインタビューやワークショップ等を行い、研修の成果を毎年報告書としてまとめています。

３年次科目「地域探求Ⅱ」では、３年間の「地域探求」の学びの集大成として、これまでの学びを振り返り、二つのことを行います。一つ目が卒業論文「私が考える地域活性化プラン」の執筆です。３年間の地域での学びを通して生徒個々人が認識するようになった地域課題を取り上げ、課題を乗り越える具体的な地域活性化プランを考え、それを卒業論文「私が考える地域活性化プラン」として各生徒がまとめます。二つ目が、これまでの「地域探求」の学びで深めてきた「探求テーマ」に関して、地域課題にアプローチする地域活性化策を学年全体で練り上げ、それを地域住民に発信していく学習成果物づくりです。その成果物としては、表6－2－1のとおり、冊子やゲーム等さまざまなものを作成してきました。

また、「地域探求」は鳥取大学地域学部と連携して行われ、各学年を担当する大学教員が3年通して「地域探求」の各科目に関わり続け、授業を進める企画運営を高校教員とともに行っています。そうした連携のなかで、「地域探求」における「探求テーマ」は、生徒たちの問題意識や興味関心から出発し、担当する大学教員の専門性をくぐりながら、生徒と高校教員、大学教員とのやりとりのなかで具体的に設定され、３年次の成果物づくりまで展開しています。

⑵「総合的な学習（探求）の時間」における地域活動への参加

地域を教材とし、地域に学ぶ教育として、2013年度から「村高発　地域元気化プロジェクト」を全校生徒対象に実施しています。ここでは、「総合的な学習（探求）の時間」において、表6－2のように学年縦割りで8班を編成し、地域づくりに関わる住民たちの協力を得ながら3年通して地域活動を行っています。毎年の成果を活動報告書「総合的な学習（探究）の時間村高発　地域

表6-2-2 「村高発　地域元気化プロジェクト」における主な取り組み

班　名	これまでの主な取り組み
民　芸	みかた残酷マラソン、村岡ふる里まつりなどで演舞（南中ソーランと木遣り太鼓）、南中ソーラン高齢者バージョン創作
吹奏楽団	演奏活動（村高祭・村高フォーラム）、出石特別支援学校みかた校との交流
食文化	地元食材を使用したオリジナルレシピの考案
環境A班「棚田保全」	貫田うへ山の棚田で農作業体験、若者による棚田保全団体へのインタビュー、土壌調査等
環境B班「森の健康診断」	但馬の森の植生調査、木の駅プロジェクトへの協力
地域福祉	高齢者福祉施設や保育施設等での多世代交流の企画・実施、花を届ける花の宅急便、射添っ子教室の活動支援、地域の除雪作業
紙漉き	小学校での紙漉き体験支援、マラソン大会の賞状づくり、和紙を使った作品づくり（和紙を使ったライト「和雲」）、紙漉き体験や和紙を使った作品展示のイベントの企画
集落調査	資料調査・現地調査、小規模集落の魅力を発信するガイドブック作成

出所：兵庫県立村岡高等学校「総合的な学習（探究）の時間 村高発 地域元気化プロジェクト活動報告」（2018年度・2020年度・2021年度）、兵庫県立村岡高等学校「兵庫県立村岡高等学校創立70周年記念誌」（2018年）、33頁をもとに筆者作成。

元気化プロジェクト活動報告」としてまとめるほか、「村高フォーラム」や「総合学習発表会」で発表し、参加者からのコメントや助言をもとに翌年度の活動につなげています。

例えば、集落調査班の2020年度の活動では、小代区の若者を中心に実施したインタビュー等を取りまとめ、地域で活躍する若者たちの活動内容や若者たちが小代区にこだわる理由、活動の背景、今後の展望等を記載した「ステキな〝人〟と出会うための香美町ガイドブック『かみあうCOME&MEET Vol.2~小代（おじろ）の若者編~』」を作成しました。参加した生徒は、「小代で働く若者は一人だけで活動しているのではなく、地域住民に支えられて活動ができているのだと感じ[*14]」だといった感想を述べており、班での活動を通して若者たちが持つ地域に対する思いを聞き取ることで、生徒たちは若者たちの活動を知るとともに、若者たちの活動の背景にあるコミュニティや地域住民との関わりにまで視野を広げている、と考えられます。

また、紙漉き班の2021年度の活動は、「人と人とのコミュニケーションの間に『紙漉き』という体験を入れることで人と人とをつなぎ、地域活性化を目指[*15]」すという目的のもと、紙漉きの周知に向けたポストカードの作成と配布、和雲&手漉き紙のインスタレーションのライブ配信、紙漉きワークショップ等を行いました。活動報告書には、紙漉きをめぐるこれらの活動のなかで、「紙漉きは『モノ』ではなく『体験』という舞台で輝くことができ、その体験が人と人とのつながりを強めている」実感や、「紙漉き体験と人と人との関わりが地域活性化につながりうる」ことを感じ取るような、単に紙漉きの方法を知ることだけにとどまらない学びの到達点が語られています[*16]。

4 「教育のまち」づくりに向けて

村岡高校では、類型が設置される以前から、地域住民や中学生との交流を深める合同芸術祭や湯舟川コンサートへの参加、冬季の村高除雪隊、福祉施設等での交流事業「ボランタリー村高」などのさまざまなボランティア活動を地域で行ってきました。そうした生徒たちの活動や、これまでの高校存続に向けた請願署名運動や新構想検討委員会の取り組み、地域住民も参加する村高フォーラムの開催等の高校内外での教職員や地域住民の取り組みの積み重ねが、「地域探求」や「村高発　地域元気化プロジェクト」等の生徒たちが地域に出ていき地域課題と向き合っていく実践が地域で受け入れられ、展開可能であることの背景にあると考えられます。

また、村岡高校の実践を香美町行政もバックアップしてきました。例えば、地域で請願署名運動があった2006年4月には、香美町から県教育長宛に「兵庫県立村岡高等学校、学級減に伴う同校存続について」という要望書を提出しています。現在では、地域との連絡調整や生徒たちが関わる地域活動のバックアップと取りまとめを行う「教育コーディネーター」を地域おこし協力隊として配置しています。また、「『地域で学び、地域を学ぶ学力（教養）』を身につけ、地域に愛着と誇りを持ち、意志を持って地域に留まる人材や意志を持って地域に還ることのできる人材を官民学地協働で育成[17]」することを第2期香美町総合戦略に位置付けています。他にも、村岡高校・香美町教育委員会・企画課の3者による「高校支援連絡会」を毎月開催しています。ここでは、「地域探求」で現在扱っている「探求テーマ」やこれから扱う「探求テーマ」の概要、生徒による地域実践の企画等が高校より共有され、行政側からは関連する行事や地域を調査する上で必要となる統計データ、関連する新聞記事などの情報共有がされ、意見交換する他、地域での調査や研修合宿に用いる車の確保や調整、当日のフォロー等の具体的な実務面での連携についても決定しています[18]。

一方で、村岡高校の生徒たちによる地域での様々な実践の展開に対し、地域住民がいかに応答し住民自治を発展させていくのかが今後の課題となります。村岡高校の「地域探求」や「村高発　地域元気化プロジェクト」を通して、生徒たちが向き合っている地域課題は、生徒たちだけで引き受ける課題ではなく、生徒たちと同様にまちの主権者である地域住民一人ひとりも一緒になって向き合い、共に考え抜かなくてはならない課題です。その意味で、「住民の暮らす地域において住民自身が統治主体となると同時に客体となって自主的・自律的に治めていく」[*19]（岡庭２０１７）住民自治が不可欠となります。「村高フォーラム」２０２０年度のテーマは「『地域づくり×人づくり』〜若者が地域を創る〜」であり、２０２１年度のテーマは「『地域づくり×人づくり』〜若者と地域を創る〜」でした。また、教育にかかわる集会での村岡高校の事例報告では、「『教育のまち』を創る研究センター設立構想」も語られています。[*20]「若者と地域を創る」ために、住民自治を支え、村岡高校における地域に関する学びの質をさらに高めていくような、高校生や学校教育に限らない住民一人ひとりの地域課題に対する学びとその保障が不可欠となる、と考えられます。

注

1　兵庫県教育委員会「令和3年5月1日現在高等学校在籍生徒数」。
2　兵庫県立村岡高等学校ＨＰ（https://www.hyogo-c.ed.jp/~muraoka-hs/school.html、２０２２年4月10日閲覧）。
3　兵庫県県立村岡高等学校「令和3年度特色選抜生徒募集要項」。
4　２０２１年12月9日村岡高校今井典夫先生インタビューより。
5　請願署名運動や村岡高校の実践は村岡高校今井典夫先生へのインタビュー調査のほか、調査にあたり頂いた

「第30回民主教育研究所全国教育研究交流集会」「みんなで21世紀の未来をひらく教育のつどい（教育研究全国集会）２０１７」での実践報告資料データも参照した。
6　「みんなで21世紀の未来をひらく教育のつどい（教育研究全国集会）２０１７」実践報告資料データより。
7　２０２１年12月９日村岡高校今井典夫先生インタビューより。
8　兵庫県県立村岡高等学校「村高フォーラム２００５報告集」。
9　同前。
10　兵庫県教育委員会「兵庫県県立高等学校教育改革第二次実施計画（２００９年～２０１４年）」（２００８年）、6頁。
11　同前。
12　兵庫県立村岡高等学校「地域との協働による高等学校教育改革推進事業（地域魅力化型）研究開発実施報告書（第１年次）」（２０２１年）、22頁。
13　兵庫県立村岡高等学校58期生地域創造系「平成30年度西粟倉村研修合宿報告書」（２０１９年）、３頁。
14　兵庫県立村岡高等学校（２０２１年）、前掲書、46頁。
15　兵庫県立村岡高等学校「２０２１年度総合的な探究の時間村高発地域元気化プロジェクト活動報告」（２０２２年）、37頁。
16　同前、38-39頁。
17　香美町「第２期香美町総合戦略」（２０１９年）、23頁。
18　２０２２年３月４日村岡高校今井典夫先生インタビューより。
19　岡庭一雄「地域が学校を育て、学校が地域を育てる村を」『人間と教育』、96号（２０１７年）、76-81頁。
20　例えば、「第30回民主教育研究所全国教育研究交流集会第４分科会報告資料（２０２１年12月26日）」。

3　長野県　飯田ＯＩＤＥ長姫高等学校の取り組み

田開寛太郎

1　はじめに

長野県飯田市にある飯田ＯＩＤＥ《オーアイディーイー》長姫高等学校（以下、飯田ＯＩＤＥ長姫高校）は、２０１３年に飯田工業高等学校と飯田長姫高等学校が再編統合され開校した、県内初の総合技術高校です。飯田ＯＩＤＥ長姫高校の校名には、飯田工業高等学校の建学の精神である「ＯＩＤＥ」（Originality（独創）、Imagination（想像）、Device（工夫）、Effort（努力）の頭文字を取った略称）と飯田長姫高等学校の「長姫」を併記することで両校の伝統を継承しようとする想いが込められています。また、生徒がグローバルな視点を持って産業経済の発展に寄与できる人材に育ってほしいとの願いを込めて、アルファベットを取り入れた校名にしたといいます。

ところで飯田市といえば、いいだ人形劇フェスタやリンゴ並木の環境整備といった象徴的な地域活動にみられるように、地域住民が自発的に取り組むまちづくり精神が根づいています。また、飯田市における住民自治の独自性は人づくりを大切にする教育や学習にあり、精力的な公民館活動は全国的にも知られています。飯田市の公民館活動は、公民館に行くのではなく「公民館をする」と表現されるように、地域住民一人ひとりが主役となり、まちづくりへの積極的関与の姿勢をしめすものです。本章では、飯田ＯＩＤＥ長姫高校の取り組みを紹介するとともに、豊かな高校教育の実践を可能にし、そして生徒が活発に出かけて活躍することのできる「地域」の姿かたちを克明に描き表したいと思います。

2　地域における高校の位置づけ

飯田ＯＩＤＥ長姫高校の特筆すべき特徴的な学びのあり方は、地域に根差した人材育成である「地域人教育」です。ここでの地域人とは、地域を「愛」し、「理解」して、地域に「貢献」する人材のことを指します。２０１２年4月に、松本大学、飯田市、飯田長姫高等学校（商業科）の三者がパートナーシップ協定を結び、飯田ＯＩＤＥ長姫高校に再編統合されてからも具体的な実践及び教育カリキュラムの作成を進めてきました。松本大学は専門的知見から高校の実践に対してアドバイスを行い、飯田市は公民館が連携協力の受入れ窓口となり地域と学校をつなぐ役割を担っています。

地域人教育の発展経緯や内容に関して、２０１６年当時の教員や生徒をはじめ関係者への聞き取りを行った草郷亜実さんの調査研究がありますので、その一部を紹介します。地域人教育が始まったばかりのころは初めての取り組みが多く、教員や公民館主事の間での意思疎通が難しくトラブルが起きることもありましたが、徐々に改善していったそうです。学校と公民館、地域の関係性が少しずつ構築され始めたことにより活動の幅も少しずつ広がり、高校における課題研究もより円滑に進むようになったといいます。また、生徒の立場から地域人教育の意義を考えてみると、卒業後も地域に関わりたいと思う生徒の背中を押してあげるような、心あたたまる取り組みであるといえます。地域の活動に取り組む生き生きとした大人の存在を通して、「わたしが暮らす飯田市はなんだかいいところ」と認識するとともに、地域への愛着を高めることができたといいます。このような地域の捉え直しは生徒の自主的な活動へと発展し、地域とのつながりをさらに深めていくそうです。なお、2022年度は地域人教育の活動目的、目標（育成を目指す資質・能力）、新学習指導要領への対応について教員が改めて確認し学内研修に一層取り組むなど、高校の教育カリキュラムにおける位置づけを明確にする方針を固めています。

さて、4年制大学がなく、私立短期大学が1校のみ立地する飯田市では、高校を卒業した多くの若者が地域の外へと出て行ってしまい、高校での学びの次のステップには大きな課題を抱えているといえます。

このような今日的状況の中で飯田市は、大学・自治体間連携の役割と可能性を模索してきました。2011年に大学間連携会議「学輪ＩＩＤＡ」をはじめ、市民と大学による知のネットワークをひ

写真６－３－１　高大連携による教育実践の様子

出所：筆者撮影。

ろげ、２０２１年10月時点では67大学（１３５名の研究者等）が参画しています。朝岡・澤田（２０１７）の言葉を借りれば、「飯田市は大学が無いということをうまく逆手にとって全国各地の大学の研究者とつながりを持つことに成功している」といえます。具体的には、一度外に出ても戻ってきたい飯田市の魅力向上といった大きなねらいに迫るために、高大連携の取り組みとして地域住民・学生・高校生・教員による教育実践を進めてきました（写真６－３－１）。紙幅の関係により詳細を書くことができませんが、学輪ＩＩＤＡ機関誌『学輪』に成果報告等（田開、２０２２など）が無料でウェブサイトに掲載されているので、ぜひ読んでいただきたいと思います。

飯田といった「地域」の中で学ぶことは

高校生、大学生にとって重要な意味を持っています。次に地域と高校が学び合う場づくりがどのようにつくられ、発展しているのか、実際の教育実践をみてみましょう。

3　地域と連携した高校教育の在り方

(1)　ステップアップする学びの環境整備

飯田ＯＩＤＥ長姫高校は、２０１９〜２０２１年度文部科学省事業「地域との協働による高等学校教育改革推進事業プロフェッショナル指定校」として、地域における新たな価値を創造する力を育てる実践的・体験的な学習活動に力を注いできました。総合技術高校の強みを生かし、さらに地域の産学官や異業種と連携し、「高度な専門性」、「課題解決力」と「協創力」を育てることをねらいに、実践及び教育カリキュラムの研究開発に取り組んでいます（図６－３－１）。

「高度な専門性」を身につけるための特徴的な取り組みのひとつは、高校と地域との協働によるコンソーシアムを通した実践です。コンソーシアムには、工業系・建設系・商業系の３つの体制が整えられ、そして校内の学習支援員を中心に各専門学科が主体的に産学官と連携を取り合い、学校の教育課程と関連付けた教育プログラムを実施しています。例えば、建築学科では建築士会と連携して、生徒が地域を調べ、地域課題を建築的な視点から解決するといった問題解決型の学習を行っています。生徒は基礎的専門的な知識と技術を学ぶだけではなく、地元建築士との交流を通して将来

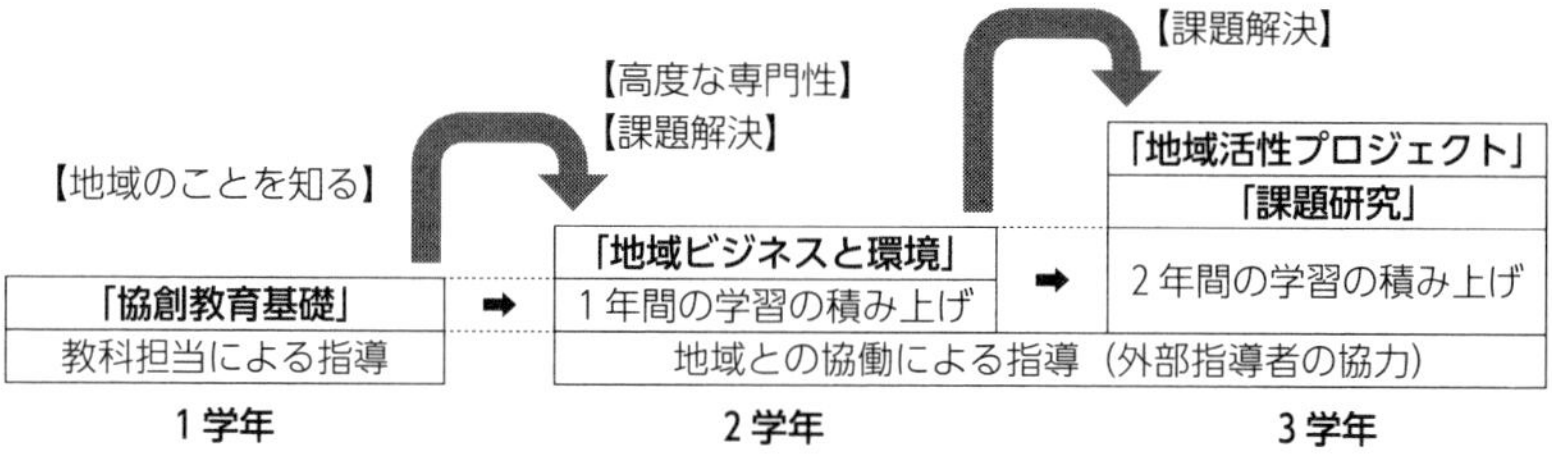

図6－3－1　3年間の学びのステップアップ

出所：飯田 OIDE 長姫高校『地域との協働による高等学校教育改革推進事業―研究実施報告集―』より。

地域に貢献したい思いを強くするなど、地域の発展に向けて主体的に取り組む姿勢を身につける機会にもなっているそうです。

つぎに「課題解決力」の育成に向けては、共通教科「協創教育基礎」が充実しています。地域の特色、文化や伝統、人々との関係性といった地域を理解する力や、地域の困りごとに対して気づく力を高めるための基盤となります。また、協創教育基礎の学習内容は、生徒一人ひとりの興味関心に応えられるよう1学年で履修するすべての普通科目で行われます。「国語総合」では論理的思考力及び探究学習の基礎、「数学Ⅰ」では統計学の基礎、「現代社会」では地域の産業と歴史、「科学と人間生活」では地域の自然・生態系や防災・減災、「コミュニケーション英語Ⅰ」では地元の自然遺産や英語のプレゼン、「音楽Ⅰ」や「芸術Ⅰ」では地域の文化・芸術の理解、「保健」では地域における交通事故の現状や対策といったように、各科目で履修する単元との連動が重視されています。

また、全学科の生徒を対象にした学校設定科目「地域ビジネスと環境」では、ビジネスと環境保全の知識を地域と関連付けながら、持続可能な地域社会の実現について実践的・体験的に学ぶことができます。地域社会に関連する課題を見いだすとともに、その解決策を提案発表するためのグループワークや発表会を取り入れた学習方法に重点が置かれます。さらに、外部講師によるアドバイスを通じてコミュニケーション能力やプレゼンテーション能力を育むことをねらいとし、関連分野の理解を深めるとともに多角的・多面的なものの見方、考え方ができる人材育成を目指します。

最後に、産学官や異業種と協働して新たな付加価値や産業を創発できる「協創力」を身につけるためには、学科の垣根を超えた実践が重要なカギを握るといえます。実践を通して生徒は、環境保全、ビジネスや地域資源の有効利用の面から様々な専門分野の内容を学ぶことができます。例えば、機械工学科、電気電子工学科、社会基盤工学科3学科連携による「課題研究」では、ソーラーパネルを用いて電気を供給できる屋根付き防災ベンチの製作が行われました。災害に対応した避難指定場所である飯田ＯＩＤＥ長姫高校において、今後災害が発生した場合を想定して、機械、電気、土木等の知識と技術を活用して地域社会に貢献しようとするチャレンジングな取り組みだといえます。

このように飯田ＯＩＤＥ長姫高校では、総合的な探究の時間における課題研究のテーマを生徒自らが決めるきっかけを与えることで生徒の豊かな学びがスタートし、3年間をかけてステップアップで地域づくりに繋げる職業人の育成へと発展しています。

(2) 企業連携と新たな付加価値を創り出す「協創力」

あらためて「協創力」とは何でしょうか。飯田ＯＩＤＥ長姫高校の定義によると、「ビジネスの課題や社会課題の解決のために、人的ネットワークを構築するとともに、その人的ネットワークを活用して革新的なアイデアやデザインを生み出す力、また多様なつながりで新たな付加価値をつくり出そうとする力」とあります。つまり、教育における競争原理とは全く違う方向を向いており「協創」のあるべき姿は、企業連携のもとで高校と地域や企業が互いに教え合い、共に成長することです。そのような中で生徒は謙虚に学ぶ姿勢を持ち、果敢に挑戦することが何よりも大切とされています。

飯田ＯＩＤＥ長姫高校では、全学科の生徒を対象に「地域活性プロジェクト」（3学年選択）といったユニークな実践が行われています。地元企業との協働の仕組みづくりには、「つなぐ事業」（飯田下伊那地域の雇用における人材不足の改善を目指した飯田市の事業）のノウハウが生かされています。２０２１年度は商工会議所青年部、長野県中小企業家同友会飯伊支部が協力し、計20社もの地元企業が授業をサポートしました。重要なことは、協力企業とのコミュニケーションを円滑に進めるため、授業後に教員は参加した企業と情報交換を行い、高校側の授業支援の要望を企業に打診します。高校も企業も、それぞれの状況や事情に寄り添うことのできる関係性が必要なのです。

次に、この事業のねらいのひとつは、高校生と地元企業との接点をつくり、交流を増やすことです。両者の間に「なじみ」を醸成し、そして地元企業の知名度やイメージを向上させることで、高校生にとって地域が将来の就職先のひとつになります。また、企業にとっても、高校生の思考動向を知り、高校生が働きたくなる企業とは何かについて考える機会となり、企業側の「気づき」が創出さ

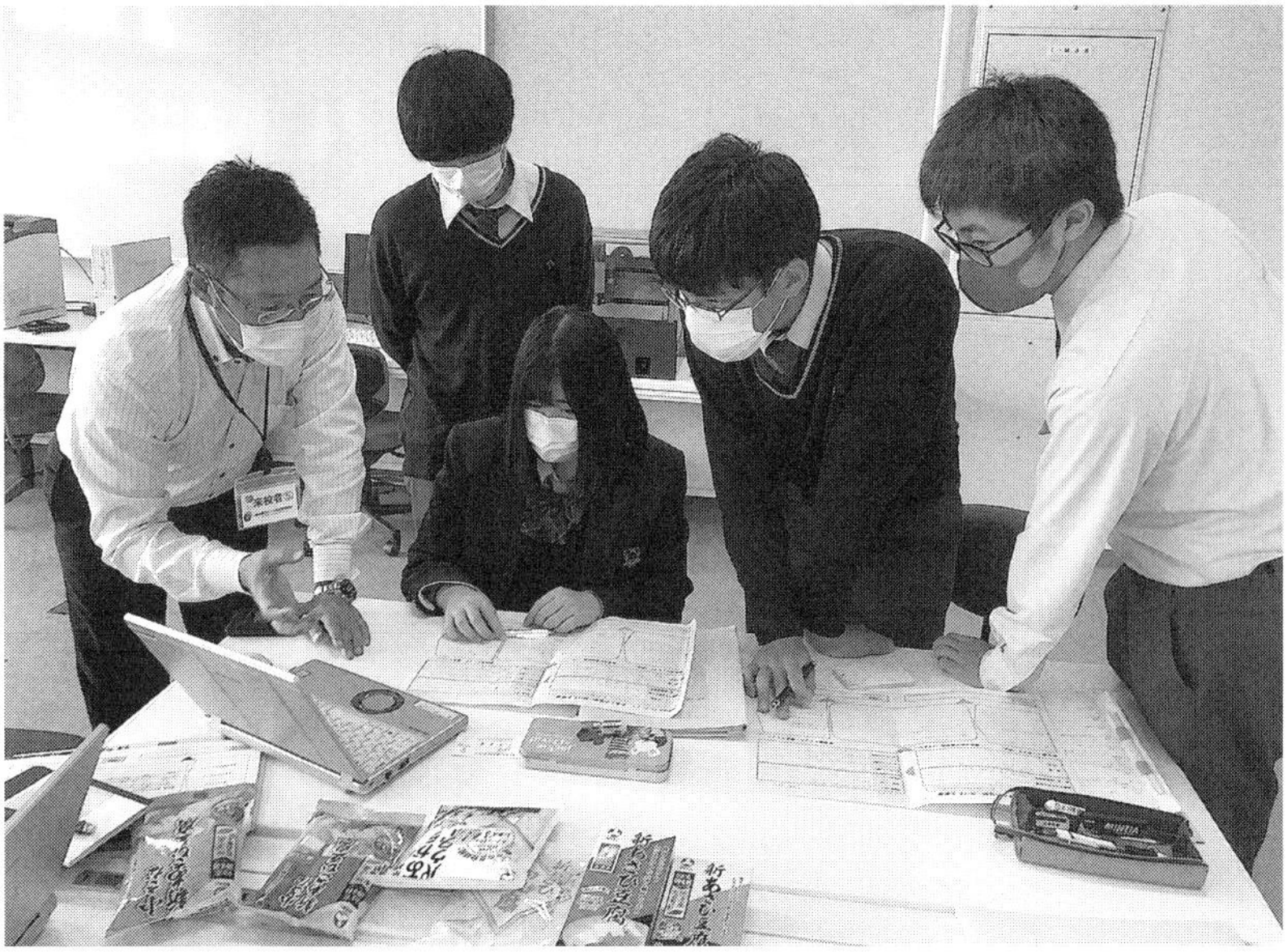

写真6－3－2　企業と取り組む課題発見

出所：飯田 OIDE 長姫高校提供。

れることで、より魅力ある企業へと変化することが期待されています。こうした飯田市独自の取り組みは地元に就職する生徒の割合を増やすだけでなく、高校のカリキュラム開発にも生かされて、職業人として必要な豊かな人間性を培うなど、生徒一人ひとりの育ちに大きな影響を与えているといえるでしょう。

授業のスケジュールを見てみると、4月の新学期が始まってから2か月間かけてじっくりと、地域協働学習実施支援員がチームビルディングやグループワークを集中的に行います。そこでは班の仲間と協力して物事に取り組む姿勢を正すとともに、地域における課題とは何かといった問題への気づきを生徒から引き出すなど、6月からの地元企業への聞き取り調査の大切な下準備となります。特筆すべきインタビューの特徴は、地元企業が授業に毎時間来校し、指導に当たることです（写真6－3－2）。生徒が学んだことを企業に伝え、企業からフィードバックを受けるために、約3か月の間に企業が何度も高校を訪れることもあります。一般的にみられるような企業側からの一方的な講演や進路相談とは異なり、こうした企業の積極的に関わろうとする姿勢が重要といえます。また、2学期には、仮決定した課題設定に関するアンケート調査を行ったり、課題の分析や解決策を発案するためのグループワークを積み重ねていきます。答えのない問いに対してインタビューとフィードバックを繰り返し、生徒も企業も一緒になって身近な地域の問題や社会全体の課題に気づくことが大切です。そして3学期の最後には、発見した課題に対する思考をさらに深め、企業へのアンケート調査や分析にもとづいた解決策を提案するための発表会を実施します。

(3) 地域協創スペシャリストの役割

ここまで紹介した学びの大きなねらいは「地域協創スペシャリスト」の育成です。飯田ＯＩＤＥ長姫高校の考えるこの人物像は、(1)ものづくりやビジネスの専門性を生かして、(2)様々な連携や協働から新たな価値を創造して、(3)豊かな地域づくりのために主体的に貢献する人です。また、そのようなスペシャリストへと生徒が成長することで、地域もさらなる躍進を遂げることを高校教育の活動目的としていることが特徴的であるといえます。

写真6－3－3　高校生と地域住民による作戦会議

出所：飯田 OIDE 長姫高校提供。

ここで地域協創スペシャリストの育成への取り組みをひとつ紹介します。遠山郷（上村地区、南信濃地区）と呼ばれる中山間地域を舞台に、生徒は地域に実在する様々な課題を読み解き、地域の街道縁日にハロウィンに関連した祭りを企画したり、地元商店とコラボしてお土産を開発したり、遠山郷の雄大な自然を体験できるアクティビティを考案するなど、具体的な解決方法を実践しました（**写真6－3－3**）。

これらの取り組みには、飯田市公民館をはじめ、地域活性化に取り組む様々な団体が協力しています。協力団体のひとつ「和田宿にぎやかし隊」は、商店街の若手店主などによるグループで、2021年度の飯田市公民館活動アワードを受賞するほどの実力を持ち、「あんじゃねぇ」（遠山、下伊那地域で使われている方言で「案じることはない、大丈夫」という意味）と、高校生と一緒になって地域の魅力再発見に取り組みました。生徒の授業レポートを見てみると、充実感の得られる活動だったことがひしひしと伝わり、活動を通して遠山郷のことを好きになっていく様子がよく分かります。生徒も教員も、そして地域住民もワクワクするような気持ちを大切にしながら地域活動に取り組むことで、生徒は本当の意味での「地域人」になったのだと思います。

じつは遠山郷と連携した高校の取り組みには、学輪ＩＩＤＡの高大連携による地域学習の成果が生かされています。飯田ＯＩＤＥ長姫高校の國松秋穂氏（２０２１）は、学輪ＩＩＤＡに関する高校側からの評価として、地域に対する課題意識と誇りが生徒の中に芽生えたとする学習効果をふたつあげています。ひとつは「発見すること、創造すること、表現することなどの経験が自分の自己実現に向かう実感を得ることができた」こと、もうひとつは「地域の方の熱い思いを受け止めながら、他の高校生や大学生と助け合ったり、共同したり、意見の対立を乗り越えたり、解決したりするなどの高校生にとっては高レベルなコミュニケーションの経験が、他者を認めたり貢献したいといった感度を育てることができた」ことです。こうした教員の生徒の育ちに対するまなざしからも分かるように、いま高校教育の現場に真に求められていることは、教科書や学習指導要領などの知識・技能の枠内を超えて、地域といった「場」で学ぶことだと強く感じています。

4　高校と地域をつなぐその先に

改めて言うまでもなく、工業はものを生み出す知識や技術を習得したり、商業はものを売り買いして利益を得るためのサービスやマナーを身につけたり、高校における職業教育は専門的な能力を伸ばすことも大切ですが、「信頼」される人間としての自立を促す視点が欠かせません。実際に、信頼感に基礎づけられた人と人とのつながり、地域とのつながりのなかで豊かな関係を結んでいく、そうして初めて人は仕事を任せてくれるようになります。飯田ＯＩＤＥ長姫高校が目指す地域協創スペシャリスト育成の意義は工業や商業の核心に触れる面白さにあるといえます。それは単に売上や利益を最優先するものづくりやビジネスだけでなく、まさに人と人とのつながり関係づくりに真価を発揮するのではないでしょうか。

現在、高校生と地域をつなぐ取り組みが飯田で広がっています。市内にある普通学科を含めたあらゆる高校が、「地域」から何かを学ぼうとしているのです。特に飯田には誇るべき地域の教育力があります。それらを通じて地域課題の解決やまちづくりを考え、問題解決力やコミュニケーション能力を養うことが教育上の魅力といえます。「地域」は人と人とを結ぶ場となり、「地域」の強みを生かしたユニークな取り組みとなっていくのです。

参考文献

1　朝岡幸彦・澤田真一「大学-自治体間連携の現状と可能性-学輪ＩＩＤＡを事例として-」『学輪』第３号、２０１７年、43-56頁。

2　草郷亜実「地域と連携した高校教育のあり方に関する研究―長野県飯田ＯＩＤＥ長姫高等学校商業科を事例に―」東京農工大学卒業論文、２０１６年。

3　國松秋穂「学輪ＩＩＤＡ高大連携活動に関する高校からの報告」『学輪』第７号、２０２１年、29-35頁。

4　田開寛太郎「共通カリキュラム実行委員会『遠山郷エコ・ジオパークフィールドスタディ』実践報告」『学輪』第９号、２０２２年、17-23頁。

5　長野県教育委員会、「長野県高等学校再編情報」https://www.pref.nagano.lg.jp/kyoiku/koko/gakko/saihen/joho/index.html（２０２２年２月22日最終閲覧）。

おわりに

平岡和久

本書では、政府と自治体が進めてきた学校統廃合が、子どもの教育の観点からも地域における学校の役割という観点からもきわめて問題が大きいとの認識に立ち、それにもかかわらず学校統廃合が強引に進められてきた背景や高校を含む学校統廃合推進の実態をできるだけ明らかにしました。また、学校統廃合の動きに対して学校を存続させる住民運動や地域に根ざした学校を核とした地域づくりの事例についてもいくつか紹介されました。

本書を執筆する最中においても学校統廃合や廃校のニュースが入ってきます。たとえば、2022年3月、兵庫県教育委員会が公立高校28校を13校に統合する方針を盛り込んだ計画を発表しました。また、大阪府では2021年8月、府教育委員会が島本、茨田、泉鳥取の3校を2023年度から募集停止、2025年に閉校する方針をまとめています。そのうち泉鳥取高校は阪南市で唯一の高校であり、閉校後は高校がない都市になってしまいます。

今次の学校統廃合の推進は、1990年代末から2000年代前半の「平成の合併」推進と本質的によく似ています。「平成の合併」では、規模と能力において総合行政体たり得ないとされた過疎地域の小規模自治体が主なターゲットになっただけでなく、「大きいことはいいことだ」とばかりに政令市や中核市を目指す大規模自治体や中規模自治体においても合併が推進されました。今次の学校統廃合においても過疎地域の小規模校の統廃合が推進されるだけでなく、都市部の学校においても小中一貫校や義務教育学校を含む統廃合が推進され、なかにはかなりの大規模校化も見られます。

小規模自治体を消し去ろうとする「平成の合併」推進に対して、歯を食いしばってでも自立・自律を守り抜こうという自治体運動が起こりました。その中心になったのが「小さくても輝く自治体フォーラム」に集まった小規模自治体でした。小規模自治体は国の地方交付税削減による締め付けや合併特例債等の合併への財政誘導に対して、「自律プラン」をつくることによって行財政の持続可能性を確保しました。「平成の合併」の嵐が吹き荒れていた時期には「合併しなければ財政が破綻する」といった根拠のない説明が横行しました。あるいは地域における行政の説明会では「子どもや孫に借金を残してよいのか」といった「脅し」ともとれる説明が行われました。財政問題を持ち出せば住民は黙る、あるいは騙せるとでも言うのでしょうか。しかし、「平成の合併」が収束して以降の現実は、こうした説明がいかに間違っていたかを証明しました。実際、財政破綻した小規模町村は皆無であり、2000年代の後半以降、小規模自治体の財政は健全化していきます。それに対して、合併自治体では地方交付税の合併算定替（合併前の自治体ごとの算定額を維持し、それらを合計した額を交付）による経過期間が過ぎると一つの自治体として地方交付税が算定されるようになり、交付額が減少するため財政が苦しくなることが予想されました。そこで国に要望し、地方交付税の算定において合併算定替の7割程度が保障されることになり、やっと一息つくことができたのです。

その後、2014年以降に地方創生政策がとられる時期には、自律を貫いた小規模自治体の優れた地域づくりの取り組みが地方創生のモデルとして取り上げられるようになりました。国がつぶそうとしてつぶせなかった小規模自治体を国がモデルにするという皮肉な事態が起こったのです（小規模自治体の取り組みについては、全国小さくても輝く自治体フォーラムの会2014を参照）。

学校統廃合問題において「平成の合併」の教訓から学ぶことは多いとおもわれます。第一に、国の統廃合への財政誘導や統廃合を是とする言説に惑わされず、地域における学校の存立意義と役割を熟慮するとともに、学校に関わる行財政の制度と実態を正確に把握し、そのうえで学校の存続に対する合意形成を図っていくことです。過疎地域であれば、小規模校であることは当然であり、それぞれの地域において子どもが歩いて通える学校の存立を保障することこそがナショナルミニマムとしての教育権の保障であるべきです。過疎地域等における小規模校の存立は文科省も認めています。また、学校運営経費に対する財政制度（地方交付税制度）においては小規模校も含めて財源保障されています。こうした行財政制度はしっかり踏まえなくてはなりません。

第二に、安易に統廃合による規模拡大に走らず、地域に根ざした学校づくりの地道な取り組みを進めることこそが本筋であるということです。地域にとっての小学校の大切さへの強い合意形成のある地域では、住民が空き家対策を行政任せにせず、積極的に子育て世帯の受入れと定着を図る取り組みを進め、生徒数を維持しているところもあります。高校に関して言えば、島根県隠岐諸島の海士町の島前高校の高校魅力化の取り組みは有名ですが、本書で紹介された兵庫県村岡高校も小規模校の優れた取り組み事例です（島前高校の取り組みについては、山内他2015を参照）。もちろん、統廃合といっても地域から学校が消え去させるケースとは異なる事例として、本書で紹介された飯田OIDE長姫高校（工業高校と商業高校の統合）のように優れた取り組みもあります。

第三に、何より自治の大切さを深く認識することです。学校統廃合を誘導する中央政府の画一的で有害な政策に対して自治体は抑制機能を発揮すべきです。自治体行政が抑制機能を発揮せず、中央政府の学校統廃合の執行機関化していくような場合もあります。政府の公共施設の総量削減策を受けて自治体の企画財政部門等を中心に公共施設の総量削減を全体として推進する場合においては、学校をそのまま残すという「個別最適」ではなく、財政制約のなかで「全体最適」を目指すべきだという考え方を浸透させることによって、学校統廃合や複合化・集約化の正当化を図ろうとするでしょう。こうした地域における公立学校の存在意義よりも画一的な財政合理化を優先する首長部局の方針に対して、自治体の教育委員会が教育の自治を発揮し、学校を守れるかどうかが問われます。

教育委員会が文科省の規模適正化や小中一貫教育校推進に乗って学校統廃合を進めたり、首長部局の学校統廃合推進に抗しなかったりした場合、地域住民や父母が学校教職員とネットワークを組みながら住民運動を起こすことができます。これこそが住民自治の発揮に他なりません。

また、学校統廃合や複合化が公共施設全体の再編策として推進されていることから、学校を守る住民運動の独自の努力とともに、他の住民運動とのネットワーク化・連帯と共通目標への合意形成が大切になってきます。学校を維持するという「個別最適」においても、公共施設全体のなかで学校を維持することが「全体最適」にもなることにおいても、住民運動のビジョンと合意形成が求められます。

参考文献

・全国小さくても輝く自治体フォーラムの会・自治体問題研究所編『小さい自治体　輝く自治』自治体研究社、２０１４年。

・山内道雄・岩本悠・田中輝美『未来を変えた島の学校』岩波書店、２０１５年。

＊本書の出版にあたっては、自治体研究社の孟蘭さんにたいへんお世話になりました。記して御礼申し上げます。

執筆者紹介（執筆分担順）

山本由美（やまもと・ゆみ）

横浜国立大学教育学部教育学科、東京大学大学院教育学研究科教育行政学専攻修士課程を経て、同博士課程満期退学。2010年度から和光大学現代人間学部教授。東京自治問題研究所理事長。専門は教育行政学、教育制度論。

著書等　『小中一貫教育の実証的検証――心理学による子ども意識調査と教育学による一貫校分析』（編著）花伝社、2021年、『「学び」をとめない自治体の教育行政　コロナと自治体　5』（編著）自治体研究社、2021年、など。

中林　浩（なかばやし・ひろし）

京都市域などの景観問題や観光問題、また都市計画史研究に取り組む。京都大学大学院博士課程修了、博士（工学）。神戸松蔭女子学院大学元教授・自治体問題研究所理事。

著書等　「普通の景観考」『建築とまちづくり』新建築家技術者集団、2019年12月号まで24回連載。「小学校統廃合の地域生活にもたらす問題」『住民と自治』2017年11月号、自治体問題研究所、NPO西山文庫編『西山夘三の住宅・都市論』（共著）日本経済評論社、2007年、など。

平岡和久（ひらおか・かずひさ）

1993年大阪市立大学大学院経済学研究科博士後期課程単位取得退学。高知短期大学助教授、高知大学助教授･教授を経て、2006年4月から立命館大学政策科学部教授。自治体問題研究所副理事長。専門は財政学、地方財政論。

著書等　『新型コロナウイルス感染症と自治体の攻防　コロナと自治体　1』（編著）自治体研究社、2021年、『新型コロナ対策と自治体財政――緊急アンケートから考える』（共著）自治体研究社、2020年、など。

渡辺繁博（わたなべ・しげひろ）

1950年山梨県生まれ。1973年上尾市役所入庁、都市計画課、広聴企画課、自治振興課、広報課、社会福祉課、障害福祉課等に勤務。2010年3月に定年退職して以降埼玉自治体問題研究所事務局長。

著書等　「埼玉に見る学校統廃合の現段階と市民の運動」『住民と自治』2022年2月号、自治体問題研究所、「県下に広がる学校統廃合計画の問題点」『さいたまの教育と文化』97号、さいたま教育文化研究所、など。

有原陽子（ありはら・ようこ）
1974年、神奈川県横浜市生まれ。美術大学卒業後、広告業界でデザイナーとして都心で働く。2004年、高知県幡多郡西土佐村（当時）へ夫婦で移住。移住半年後に四万十川氾濫の水害に遭い、四万十川の特性を経験。西土佐の保育所、学校統合により、保・小・中が揃っている現下田地域で永住を決意。2018年「下田地区の学校を残す会（事務局のち代表）」保護者として取り組む。2022年3月「下田地域の明るい未来を願う会（代表）」四万十市民として住民運動に取り組む。現在、小中学生3人の母親。

坂野光雄（さかの・みつお）
立命館大学法学部卒。㈱エクセディ勤務。元交野市会議員。環境・教育・暮らし・福祉の充実のための市民運動等に取り組む。交野市一中校区の施設一体型小中一貫校設置の賛否を問う住民投票を成功させる会事務局。
著書等 「施設一体型小中一貫校の設置の賛否を問う住民投票条例の直接請求へ」『おおさかの住民と自治』2021年5月特集号、大阪自治体問題研究所。

石山雄貴（いしやま・ゆうき）
2016年度東京農工大学大学院連合農学研究科農林共生社会科学専攻修了。博士（学術）。現在、鳥取大学地域学部講師。専門は、地方自治、地方財政、環境教育、社会教育。
著書等 『五訂版　習うより慣れろの市町村財政分析―基礎からステップアップまで―』（共著）自治体研究社、2021年、『財政状況資料集から読み解くわがまちの財政』（共著）自治体研究社、2019年、など。

田開寛太郎（たびらき・かんたろう）
2017年度東京農工大学大学院連合農学研究科農林共生社会科学専攻修了。博士（農学）。現在、松本大学総合経営学部観光ホスピタリティ学科講師。専門は、環境教育、自然共生システム、環境配慮型社会、観光産業。
著書等 『動物園・水族館―新型コロナによって見直される役割学校一斉休校は正しかったのか？　検証・新型コロナと教育』（共著）筑波書房、2021年、『図書館における「学習へのフリーアクセス」と無料原則　日本の社会教育』（共著）東洋館出版、2020年、など。

編著者
山本由美（やまもと・ゆみ）和光大学現代人間学部教授
平岡和久（ひらおか・かずひさ）立命館大学政策科学部教授

著者（執筆分担順）
中林　浩（なかばやし・ひろし）神戸松蔭女子学院大学元教授
渡辺繁博（わたなべ・しげひろ）埼玉自治体問題研究所事務局長
有原陽子（ありはら・ようこ）四万十市下田地域の明るい未来を願う会代表
坂野光雄（さかの・みつお）交野市一中校区の施設一体型小中一貫校設置の賛否を問う住民投票を成功させる会事務局
石山雄貴（いしやま・ゆうき）鳥取大学地域学部講師
田開寛太郎（たびらき・かんたろう）松本大学総合経営学部講師

＊詳細「執筆者紹介」参照。

学校統廃合を超えて
――持続可能な学校と地域づくり

2022年7月20日　初版第1刷発行

編著者　山本由美・平岡和久
発行者　長平　弘
発行所　㈱自治体研究社
〒162-8512　東京都新宿区矢来町123　矢来ビル4F
TEL：03･3235･5941／FAX：03･3235･5933
https://www.jichiken.jp/
E-Mail：info@jichiken.jp

ISBN978-4-88037-744-5 C0036

印刷・製本／モリモト印刷株式会社
DTP／赤塚　修